**儿童时代
需要学习的
是幸福**

那些母亲教会我的
41条育儿指南

儿童时代需要学习的是幸福

那些母亲教会我的
 育儿指南

[日]阴山英男 著
[日]繁延梓 [日]五十岚公 绘
于航 译

世界图书出版公司
上海·西安·北京·广州

图书在版编目（CIP）数据

儿童时代需要学习的是幸福：那些母亲教会我的41条育儿指南/（日）阴山英男著；（日）繁延梓，（日）五十岚公绘；于航译. — 上海：上海世界图书出版公司, 2021.6
ISBN 978-7-5192-8461-9

Ⅰ.①儿… Ⅱ.①阴… ②繁… ③五… ④于… Ⅲ.①儿童教育-家庭教育-指南 Ⅳ.① G78-62

中国版本图书馆CIP数据核字（2021）第053428号

DAKARA, KODOMO JIDAI NI YICHIBAN GAKUSYU SHINAKEREBAIKE-NAINOHA, KOUFUKU DESU by Hideo KAGEYAMA
© Hideo KAGEYAMA 2016
All rights reserved.
Original Japanese edition published by SHOGAKUKAN,
Chinese (in simplified characters) translation rights in China (excluding Hong Kong, Macao and Taiwan) arranged with SHOGAKUKAN through Shanghai Viz Communication Inc.

书　　名	儿童时代需要学习的是幸福：那些母亲教会我的41条育儿指南 Er'tong Shidai Xuyao Xuexi de shi Xingfu : Naxie Muqin Jiaohui Wo de 41 Tiao Yu'er Zhinan
著　　者	[日]阴山英男
绘　　者	[日]繁延梓　　[日]五十岚公
译　　者	于　航
责任编辑	孙妍捷
装帧设计	守　约
出版发行	上海世界图书出版公司
地　　址	上海市广中路88号9-10楼
邮　　编	200083
网　　址	http://www.wpcsh.com
经　　销	新华书店
印　　刷	天津鑫旭阳印刷有限公司
开　　本	787 mm × 1092 mm　1/32
印　　张	8.25
字　　数	128千字
版　　次	2021年6月第1版　2021年6月第1次印刷
版权登记	图字09-2021-0208号
书　　号	ISBN 978-7-5192-8461-9 / G·716
定　　价	35.00元

版权所有　翻印必究
如发现印装质量问题，请拨打售后服务电话
（010-82838515）

前　言

"我用在老师推特上学到的知识教育孩子，感觉孩子真的进步很大。"

在我的推特上，有很多这样的留言。当初我写推特的目的，意在向人们介绍我的学习训练法的特色及运用，这套学习训练法每年的销量可达数十万部。可当我开始写推文，话题就立刻扩展到了孩子教育的方方面面。我的推特上的每一条内容，都是我一边研究、一边不断和读者探讨交流才得出的结论。

我以自己推特上反响较为强烈的推文为中心，将自己最想要说给广大家长的话编纂成册，于是就有了这本书。推特上的内容及主题非常具有跳跃性，每条推文的字数也被限制在 140 字以内，所以显得短小精悍。但由于字数有限，也有不利的一面，那就是许多内容无法深入地展开阐述。其实早有读者希望我能将推文整理成书，我本人也想在合适的时候着手去做这件事。

那么为什么会选在这个时候呢？我有我自己的原因，那就是想以此作为自己育儿经历的总结。

我的3个孩子都已经长大且自立。曾经一直在一起生活的孩子们一个个离开我们，自立门户。此刻，我虽然颇觉寂寥，却也倍感轻松。20余年的岁月倏然而逝，而孩子们也在这弹指一挥间成长、自立。虽说我早知道会如此，但这一天真的来临，还是不免觉得这段育儿经历就好像一场梦一般。

如今我的育儿经历已经告一段落，我想通过回顾这段经历，把自己的经验体会讲给大家听。

育儿是一场无法演练的战斗，生命开始萌芽的那一瞬间，战斗就正式打响。迷惘与烦恼都会随之而来。为人父母会不断成长，喜悦与幸福也自然会如期而至。我最想告诉大家的就是，如果想让你的孩子将来过得幸福，就要从现在开始，从营造亲子之间的幸福开始。如果说为了将来，就要牺牲眼前的幸福，那么将来也必定会不幸。那么，究竟怎样做才会幸福呢……相信你会在这本书当中找到答案。

愿这本书能对各位读者的育儿生活有所帮助。

第 1 章　幸福是学来的　　　　　　　　　　/1

◆ 育儿指南 1

我认为，儿童时代最需要学习的就是幸福。　　　/3

◆ 育儿指南 2

即便发生一些不好的事情，知道幸福为何物的孩子也不会惊慌失措。　　　/9

◆ 育儿指南 3

了不起的人即便遇到不好的事情，也不会往坏处想，他们总会从容应对，积极解决问题。　　　/15

◆ 育儿指南 4

为了将来的幸福，现在暂时忍耐的话，等着你的，将会是无尽的忍耐。父母如果忍耐的话，那么他们会变本加厉地强迫自己的孩子忍耐。 /19

◆ 育儿指南 5

日本的未成年人自我认同感低下已经成了一大社会问题，如果对身为人母的女性进行自我认同感调查，会得到怎样的结果呢？ /25

◆ 育儿指南 6

多照些家庭成员的照片，越多越好，最好是多到整理不过来的程度。 /31

第 2 章　爱笑的妈妈才有福气　　　/37

◆ 育儿指南 7

从前，人们总是认为肯为孩子做出牺牲的母亲是伟大的，但最终的结果往往不尽如人意。为什么会这样呢？那是因为母亲在不知不觉间已经给孩子施加了过多的压力。 /39

◆ 育儿指南 8

愁眉苦脸也不会对事情有任何帮助，我花了数年的时间才明白这个道理。　　　　　　　　　　　　/43

◆ 育儿指南 9

作为一个母亲，最要不得的就是让笑容从自己的脸上消失。　　　　　　　　　　　　　　　　　　/49

◆ 育儿指南 10

日本人常将集中精力与紧张混为一谈。只有彻底放松，精力才能集中。　　　　　　　　　　　　/55

◆ 育儿指南 11

如果一个孩子考试的时候局促不安，那么他考试合格以后也仍然会局促不安，而且他的整个童年时代都会在局促不安中度过。这很有可能会削弱孩子的能力及潜力。　　　　　　　　　　　　　　　　　　/61

◆ 育儿指南 12

孩子能有多少进步，是与家长脸上的笑容的多少成正比的。　　　　　　　　　　　　　　　　　/67

◆ 育儿指南 13

趁孩子不在家的时候，你可以照一下镜子。据说总是训斥别人的人，面相会变得不好。　　　　　　　　　/73

第3章　孩子的成长其实不需要花钱　　/79

◆ 育儿指南 14

我绝不认为只因环境优越就能培养出优秀的孩子。在恶劣条件中成长的孩子反而更具智慧，这将让他们更容易走向成功。　　　　　　　　　　　　/81

◆ 育儿指南 15

处于育儿阶段的家长，除了感情的付出以外，大可不必为没能给孩子提供良好的学习环境而内疚。因为这样会让孩子变得自卑。　　　　　　　　/87

◆ 育儿指南 16

教育是一份需要用心的工作，所以心态平和才是最重要的。　　　　　　　　　　　　　　　　　/91

◆ 育儿指南 17

这感觉真好。从些许进步中获取巨大喜悦。　　/97

◆ 育儿指南 18

就是!就是!你要是让孩子自己思考,他反而更不肯思考了。他总是等着你去教他。　　/103

◆ 育儿指南 19

能为孩子做些什么,要放到第二位。最重要的是,作为父母,是否具有令孩子信服的生活态度。　　/109

第4章　错误的努力是挫折之源　　/115

◆ 育儿指南 20

有些家长认为,孩子在家只有长时间学习才最有效。其实这是个致命的错误。　　/117

◆ 育儿指南 21

人们常常以为努力与掌握窍门是相互对立的,这完全是误解。只有掌握了窍门,努力才能够充分发挥它的

价值。 /123

◆ 育儿指南 22

日本人的时间观念,实际上在乎的就是时刻。所以我们非常重视能否在某一时刻之前完成某事,这无可厚非。但想知道培养孩子的能力到底需要多长时间,真正的时间感就显得尤为重要了。 /129

◆ 育儿指南 23

终于做到了。但这不是终点,而是起点。孩子能够自主而迅速地完成某项任务,只不过是起点而已。 /135

◆ 育儿指南 24

"没想到你这么快就做完了,那就利用剩下的时间再做一张卷子吧!"听了这些,孩子就会把原本只需15分钟能做完的作业,拖延到30分钟。 /141

◆ 育儿指南 25

回忆一下自己那些错误的努力方式,就会意识到,我们把孩子逼得太紧了。如果事物的本质就是不好的,那么我们很难只靠善意改变它。对努力的盲目信仰非常可怕。 /147

◆ 育儿指南 26

越是喜欢为孩子操心的家长,培养出来的孩子就越没有自信。 /153

◆ 育儿指南 27

有时候明知不可为而为之只会让自己在精神上更加痛苦。既然如此,何不挑战一下能让自己开心的"不可能"呢? /159

第 5 章 家长的些许助力就能让孩子的学习能力得到提升 /165

◆ 育儿指南 28

只有清楚地知道终点在哪里,才有前进的动力。 /167

◆ 育儿指南 29

如果孩子行事不利落,肯定是母亲的做法有问题。不要想到什么就马上向孩子下达一系列指令。 /173

◆ 育儿指南 30

教孩子的诀窍就是,同样的事情要反复强调。 **/179**

◆ 育儿指南 31

马虎的原因并不是不小心或是过于放松,其主要原因是实力不够,次要原因是发现错误的能力不足。它们都属于自身实力的问题,所以要解决这两个问题将会非常棘手。 **/185**

◆ 育儿指南 32

笔记做得太多纯属浪费。这种想法很危险。学习能力的提升与笔记本的使用量成正比。 **/191**

◆ 育儿指南 33

试卷一定要整理成册。因为在浏览试卷的过程当中,你会发现平时不容易发现的问题。 **/197**

◆ 育儿指南 34

在校学习期间有数次机会让孩子的成绩出现飞跃式的进步,第一次是从 4 月开始到 5 月黄金周结束的这段时间。 **/203**

第 6 章　育儿受挫时的智慧　　　　/209

◆ 育儿指南 35

家长是孩子的一面镜子。如果一定要孩子改变什么，那就先从自身做起吧。　　　　/211

◆ 育儿指南 36

想要做出详尽的说明，就需要更多的语言。语言增加的话，信息的接收方需要理解的内容也会相应增加，理解的难度就会加大。　　　　/215

◆ 育儿指南 37

如果让孩子帮忙是出于一时兴起的话，这对孩子的成长毫无益处。让孩子帮忙也要做到计划到位。　/221

◆ 育儿指南 38

最近，有些家长说要信任孩子，也就相信了他们的谎言。如果让孩子用谎言成功蒙混过关，将来会非常麻烦。　　　　/225

◆ 育儿指南 39

孩子也有是非观念。过度的斥责只会使孩子产生逆反情绪。　　　　　　　　　　　　　　　　/229

◆ 育儿指南 40

等着别人拨通自己的电话，就等于把自己的时间交给别人来支配。　　　　　　　　　　　　/233

◆ 育儿指南 41

想让对方的心态保持平和，就必须做到：当对方和你说话时，你要对着对方一边点头一边倾听。　/239

结束语　　　　　　　　　　　　/244

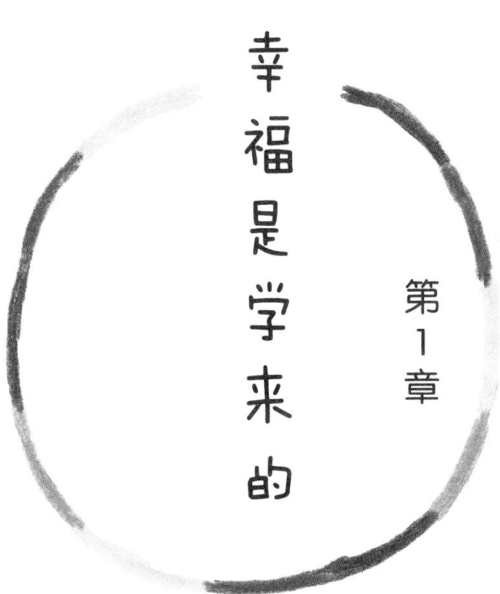

第 1 章 幸福是学来的

育儿指南 /

> 我认为，儿童时代最需要学习的就是幸福。

我认为，儿童时代最需要学习的就是幸福。我并不担心贫困会导致儿童学习能力低下。但是贫困会消磨父母对孩子的耐心与关爱，从而导致不幸的发生，这一点的确可怕。其实在富裕的家庭当中，不幸的家庭的数目也有增加的趋势，而且会出现"不幸的连锁反应"。要认识到为人父母本身就是一种幸福，我们有必要时刻心存此念。

○ 高学历、高收入家庭的不幸

通常人们认为,孩子的学习能力往往和他们父母的收入成正比。但在我亲眼所见的案例当中,有些孩子即便家庭贫困、其父母学历也不高,却也能很好地成长。

大约15年前,我在位于兵库县山沟里的山口小学执教。当时这所学校的学生父母拥有大学学历的并不多,经济上不太宽裕的家庭也不算少。虽说如此,随着学生良好的生活习惯的养成与基本学习能力的提升,他们中还是屡屡有考上国立大学的。所以我认为,没必要对贫困与孩子的学习能力之间的关系过于担心。

较之以上问题,现在最令人担忧的就是孩子的幸福感。我们应该未雨绸缪,避免"不幸的连锁反应"的发生。

在孩子的童年时代,什么都可以忽视,但是有一点无论如何都不能忽视,那就是"幸福"。要让孩子体会到幸福来临的那一刹那的感觉。

很多家长为了让孩子取得好成绩、高学历而让孩子学习到很晚才睡，或是花很多钱让他去上补习班，减少孩子玩耍的时间。即便最后孩子考入了名牌大学，也得到了一份高收入的工作，但这样的孩子未必就会幸福。因为在他们的身后，总好像有一把无情的尖刀在追赶着他们，这很难算得上是幸福。而且，等这个孩子长大以后，他也会这样对待自己的孩子，甚至对孩子的严格程度更胜于自己的父母。这是因为他觉得既然自己都那么努力，那么自己的孩子就绝无道理不努力。

不知幸福为何物的大人，总是一味地强行要求孩子不断努力，那么这个孩子长大以后很可能会失去人生目标，觉得人生毫无乐趣可言。这就是"不幸的连锁反应"。

即便贫穷、成绩不理想，幸福的孩子也自然会有所发展，因为他们的内心是安宁的，是踏实的。 内心安宁的孩子，即便家长放手不管，他们也会自发地成长、进步。

我在山口小学执教时，在我所教的学生当中，即便那些没有考上名牌大学，但有了幸福（安全感）

相伴的学生也能找到一份不错的工作,这样的孩子简直是数不胜数。

○ 要转换态度,认识到为人父母这件事本身就是一种幸福

我听到过一位嫁入医生世家的女性的事情。他们全家都希望孩子能取得高学历。据说孩子的成绩只要稍微退步,作为母亲的她就要承受来自周围的压力。一想到这位母亲要承受那么大的压力,我的心头就会隐隐作痛。母亲所承受的压力必然会传导到孩子身上,如此一来,孩子的情绪就会不稳定,成绩也会跟着下降,接着母亲就会再次受到来自周围的压力。如此,就形成了恶性循环。这简直就像电视剧中悲剧的剧情一样。但这不是电视剧,而是事实。

在日本有这样一种倾向,即孩子的问题往往都归咎于母亲。所以在孩子的教育方面,母亲不得不

格外努力。我要是认识这样的母亲,肯定会劝她们:"转换一下思维,就不会那么辛苦了。"

要扛得住周围的压力,认识到"为人父母这件事本身就是一种幸福",这样一来,心绪就会和缓下来。母亲要是做到这一点的话,孩子自然会觉得"正是因为有我在,母亲才会如此幸福"。这样,孩子也会获得安全感。这才是幸福之源。

有统计表明,高收入家庭的孩子普遍成绩较好,但这跟幸福与否没有丝毫关系。我觉得如果要进行一次调查,研究什么跟孩子的幸福感有关联的话,那一定不会是金钱。

育儿指南 2

即便发生一些不好的事情,
知道幸福为何物的孩子也
不会惊慌失措。

即便发生一些不好的事情,知道幸福为何物的孩子也不会惊慌失措。这种孩子一般比较冷静,处事得体,遇事不会大喜大悲,也不会对一件事耿耿于怀。他们总是往好处想,不会惊恐不安。所以,不容易出问题。总之,要想让孩子过得幸福,就要从现在起给他幸福。

○ 不知幸福为何物的孩子遇事会不知所措

遇到麻烦的时候,知道幸福为何物的孩子总会应对自如,因为他们懂得如何解决问题。即便他们当时不懂得如何应对,但很快就会明白,"原来有些事会是这样啊!"继而冷静下来。能够冷静思考,问题自然就会迎刃而解。一旦有了独立解决问题的经验,即便再次遇到问题,他们也会充满信心,认为自己有能力解决好当前的问题。这就形成了良性循环。

相反,不知幸福为何物的孩子则会陷入恶性循环。面对眼前的麻烦,他们担心这会招致更大的不幸,从而使自己更加不安,不知所措。正是因为他们尝过不幸的苦果,所以此刻才会反应过度。如果此刻无法冷静地寻求解决问题的方案,事态就会越发恶化。

最坏的情况就是,他们会将这一切不顺归咎于他人:"这件事之所以不顺利,都怪这个家伙不好,全是那个家伙的错。"自己却什么都不做。最后，孩子解决问题的能力根本培养不出来。被批评的孩子，自然觉得无趣，对提出批评意见的孩子还会心怀不满，与对方相处时自然也是满怀负能量。

○ 知道幸福为何物的孩子不会说别人的坏话

孩子们的问题往往出在人际交往方面。同班同学之间由于交流不畅而出现相互对立的情况时，知道幸福为何物的孩子和不知幸福为何物的孩子的表现截然不同。

知道幸福为何物的孩子不但不会偏袒任何一方，还会安慰、鼓励受委屈的一方。假如有人跟他说"这件事都怪某某人不好"，他也会很巧妙地应付过去。总之，他绝对不会说别人的坏话。而且，他也不会让自己卷入其中，会与当事者保持一定的距离，只有这样，他才能够冷静地看待问题。**他不**

会将问题归咎于某个人，而是会直面问题，一心想着怎样才能解决问题。

例如，因卫生值日的问题发生矛盾时，不要把问题的焦点放在引发问题的人身上，而要从事情的本身着手。此外，还要考虑的是，如何在矛盾不被激化的情况下解决问题。如果将责任归咎于某个人，那么问题将会变得难以解决。

知道幸福为何物的孩子不说别人的坏话，因此能够获得众人的信赖。这样的孩子，班里的其他同学也会对他另眼相看。他们的共同特点就是，从来不说伤人的话。

无法做到这点的孩子，不但会偏袒当事人中的一方，而且在解决问题的过程中也无法保持冷静。虽然他心里想的是解决问题，但说的还是诸如"某某人不好"之类的话，这无疑只会火上浇油。这样做很有可能让当事双方更加烦躁，使矛盾进一步激化。

每个人身边都有一些与自己立场相近的人，发生矛盾的两个孩子也不例外。由于问题处理不当，本来是个体之间的小摩擦会逐渐演变成群体之间的对立，班里的气氛也因此变得糟糕。说别人坏话、批评别人的言语都会转化成负能量，常会招致不幸，而且会产生连锁反应。

要想让孩子遇事不慌、沉着应对，就要从现在做起，给予孩子幸福。幸福的孩子自然会有同样幸福的孩子为伴。

育儿指南 3

了不起的人即便遇到不好的事情,也不会往坏处想,他们总会从容应对,积极解决问题。

了不起的人即便遇到不好的事情,也不会往坏处想,他们总会从容应对,积极解决问题。他们不会为事情进展不顺而耿耿于怀。我希望自己也能如此,却总是做不到。

○ 从茂木健一郎先生身上学到的东西

有人面对棘手的问题仍然能够举重若轻,这是因为在他们小时候父母就尽量让他们有安全感。与脑科学专家茂木健一郎的一次会面让我产生了这样的认识。

我听了茂木的一番话之后,觉得没有什么问题是解决不了的,即便是再困难的问题,只要肯花时间,就一定能够解决。在他看来,一切的根源在于绝对的安全感,这需要从小就培养。我看过茂木的自传,他的父母从来没有督促过他学习。他的父母认为,在孩子小时候应该多给予他接触实物的机会。茂木从小喜欢昆虫,他有缘在上小学时就遇到昆虫学家,这也是他的父母有意给他这个机会的缘故。

茂木总是喜欢直言不讳,然而他仍然备受爱戴,从不会遭人嫉恨。有些过激的言论,我是无论如何都说不出口的,但他却能轻易讲出来,他的这种无所畏惧的心态,令我羡慕不已。这是因为他有足够的自信,根本不在乎别人说什么。

○ 安全感有助于培养出善于解决难题的人

有的家长经常鼓励孩子："没关系，一定有办法解决的。"而有的家长则经常以近乎威胁的口吻教育孩子："不从现在开始努力绝对不行！"10年、20年之后，这两类孩子长大成人，就可以从他们身上看出巨大的差异。

有安全感的孩子，即便难以解决的问题迎面而来，他们也不会因此感到惴惴不安。没有不安的情绪，才能够冷静应对，事情才会进展顺利。因为他们知道，困难都是暂时的，只要花上一定的时间，一切问题都会迎刃而解。

要建立解决问题的自信，就要趁着年轻勇闯一两个难关，这将是极为宝贵的人生经验。因为突破难关而产生的自信，会给一个人的人生带来极大的影响。

下面举一个我自己的例子。二女儿参加高考的时候，大家都说她根本考不上东京大学。其实就她当时的成绩而言，考上东京大学对她来说的确存在不小的难度。虽然大家都认为不可能，但她还是闯过了这道难关。从此以后，不管遇到什么样的困难，她都能从容面对。所以无论是面对困难，还是勇闯难关，最需要的是自信，而自信源于安全感。

接下来说一下我自己的亲身体会。我从乡村小学教师时代开始，一路前行，直至今日。即使遭到众人的批判，我仍然闯过了数道难关。但是我的确没有什么成就感。

过去我总感觉自己不断地被什么追着跑，还很在意同僚的目光。当然，坚定的信念我还是有的，但与其说那是保障安全感的可靠后盾，倒不如说是一种强烈的使命感。换言之，我的信念来自使命感。直到最近，我才觉得自己达成了既定目标，重拾成就感。

回顾过往，我的成长历程很难算得上以安全感为主基调的，所以时至今日，我才想告诉大家，在育儿的过程中，最为重要的事就是给予孩子安全感。对于这一点，或许有些人会身在福中不知福，但于我而言，到了这把年岁，才终于了解给予孩子安全感的重要性。

育儿指南 4

> 为了将来的幸福,现在暂时忍耐的话,等着你的,将会是无尽的忍耐。父母如果忍耐的话,那么他们会变本加厉地强迫自己的孩子忍耐。

如果想让你的孩子将来过得幸福,就要从现在开始,从营造亲子之间的幸福开始。要想孩子现在就得到幸福,父母首先要幸福。为了将来的幸福,现在暂时忍耐的话,等着你的,将会是无尽的忍耐。父母如果忍耐的话,那么他们会变本加厉地强迫自己的孩子忍耐。这是我最近的一些感触。

○ 忍耐的典型——星飞雄马

"现在暂时忍耐的话,你将会拥有一个美好的未来。"

日本教育界有些人抱有这样的想法:"为了更美好的将来,现在不得不做出牺牲。"这令我想起了曾经让全日本的孩子为之疯狂的漫画——《巨人之星》。漫画讲述的是主人公星飞雄马的父亲为了使儿子成为巨人队的明星,让其接受斯巴达式训练的故事。这在如今看来已经属于虐待了,但在当时,为了美好的未来,通过坚强的意志闯过重重难关,这样的认识再平常不过了。

在星飞雄马的家庭中没有幸福的欢颜。在我的脑海中,总会将这个故事和对日本这个国家的印象重叠在一起。"二战"后的萧条时期,人们就算是拼了命,充其量也只能填饱肚子,根本没有人会去探究幸福是什么。那是个为了明天能继续活下去,当下只能隐忍度日的时代。在当时,为了明天的梦想,只有牺牲眼前的幸福这一条路可走。或许这部漫画的作者是因为留恋这种感觉,才创作出了星飞雄马的故事吧。

如今这个国家在物质方面日渐丰富,但仍然没有学会如何才能获得幸福。我不禁为此而忧心忡忡。

○ 如果牺牲眼前的幸福,那么幸福将永远不会到来

幸福是学来的。对于孩子而言,和他们最亲近的父母的幸福,就是他们学习的榜样。如果没有榜样,那么人们将无从学起。有一件事让我感到非常震撼,自那以后,我就领悟到了这个道理。

那是 20 多年前的事了,当时我还在小学担任班主任。我觉得一个学生的家教似乎有些问题,就对其进行家访,准备跟他母亲谈谈孩子的事。我一边听孩子母亲介绍情况,一边不断地给出自己的建议,但总觉得有些说不到一起去,正准备中途放弃,起身离开时,孩子的母亲说道:"作为一位母亲,我实在不知道该怎么做才好。"

"我是在孤儿院长大的,自从出生就没有见到过母亲的样子,所以我也不知道作为母亲,究竟该怎么做才好。"

听了她的话,我十分震惊。原来如此!这位母亲自从生下孩子以后,虽然已经成为一位名副其实的母亲,但却没有人教她该如何做好一个母亲。正因如此,在我看来作为一个母亲应该能做到的事情,她却无法做到。经过这件事,虽然我受了很大的打击,但解开了长久以来心中的疑团。

也就是在那个时候,电视上有一个节目是介绍袋鼠的社会是如何形成的,我有一搭没一搭地看着。节目对一个兴旺的族群和一个衰落的族群进行了比较。兴旺族群的袋鼠妈妈能够教自己的孩子如何抵御敌人,因为它们通过观察自己的母亲或周围状况学会了这件事。而衰落族群的袋鼠妈妈则做不到这一点,这是因为它们从没见过自己的母亲是如何抵御敌人的。

人要是没有榜样的话,也就无从学起。孩子看到父母幸福的模样,自然会心生向往,这样一来,究竟该怎么做才能得到幸福,他们也就牢记于心了。

如果只见过父母忍耐的样子，父母也总是要求自己放弃眼前的幸福，那么这样的孩子所学到的，也只是忍耐和放弃眼前的幸福而已。**总是放弃眼前的幸福的人，将永远得不到幸福。**

> 日本的未成年人自我认同感低下已经成了一大社会问题，如果对身为人母的女性进行自我认同感调查，会得到怎样的结果呢？

日本的未成年人自我认同感低下已经成了一大社会问题，如果对身为人母的女性进行自我认同感调查，会得到怎样的结果呢？或许会更低。究竟是什么让母亲与孩子陷入如此境地呢？最近，经济虽然有向好的趋势，但是企业却只将其收益用于留存或是奖励理事会成员，而正在养育儿女的人们却没能得到丝毫帮助。这些话都出自总理之口。

○ 道德观念根深蒂固的日本

在这段推文的后半段,话题似乎进行了跳跃式的转换。之所以会突然说起这个话题,是因为现在已经到了根据育儿支援政策[1]制定预算案的时期。目前正处于育儿阶段的人们的生活已陷入贫困,这的确是个很严重的问题,因为这样会大大降低家长的自我认同感。

自我认同感低下确实会引发很多问题。有调查表明,日本孩子的自我认同感低于美国和中国。但我认为这样单纯进行比较并没有实际意义,因为各国的行为评价规范与尺度不尽相同。

日本孩子进行自我评价时采用的是减分的方法。比如,自己某一方面存在不足,却仍然疏于学习的话,他们就会给自己减分。他们总是苛求自己能够百分之百完美,所以非常在意自己不足的地方。如此一来,自我认同感低下的孩子自然就多了起来。美国孩子进行自我评价时的尺度应该不同于此。

---

[1] 育儿支援政策,即日本政府为减轻国民育儿时的经济、精神及社会等层面的负担,进而鼓励国民生育而采取的一系列政策。——译者注,下同

与其关注孩子的自我认同感如何，倒不如将目光转到孩子的母亲身上。我想，如果对孩子母亲的自我认同感进行一次调查的话，那么结果恐怕是她们的自我认同感比孩子的更低。自我认同感低下的母亲，培养出来的孩子自然也会自我认同感低下。日本人的行为规范是以道德为准绳的，尤其是孩子的母亲，更是被牢牢地束缚在这一准绳之上。身为人母应该这样做、身为人母应有如是表现……这些身为人母应该如何的论调，已经在日本全国范围内扩散开了。一旦有孩子引发某一事件，人们就一定会认为问题是出在这个孩子的母亲身上。人们不会去追究问题的原因在哪里，而只会将关注的焦点聚集在孩子母亲的身上。

○ 特效药就是"放轻松"

我并不是说只重视道德不好。大家要是都摒弃了道德观念，只想着自己，那么秩序也将无从保障。

只是过于注重道德,就会让人感到来自周围的压力格外沉重。

日本的孩子母亲应该是最容易受朋辈压力[2]影响的人群。在世人眼中,母亲要有母亲的道德行为准则,任谁都无法轻易摆脱这一准则的束缚。如果有人不遵循这一准则,就很容易招致谴责。

但如果母亲是为了孩子做出牺牲而造成严重后果,则不会被人们谴责。这时候人们会认为这位母亲之所以一无是处,都是因为孩子。恐怕就连这位母亲自己也觉得就是因为把一切都给了孩子,所以才会一无是处吧。如此一来,孩子母亲的自我认同感低下也不足为奇了。道德—朋辈压力—自我认同感低下,恶性循环就是这样形成的。

在这个过程当中,摆脱道德准则束缚的特效药就是"放轻松",不要因为孩子而委屈了自己。孩子也不愿见到自己的母亲这样吧。不喜欢就说不喜欢,这样会轻松不少。举个很浅显的例子,有好吃的东西,即使自己很想吃,有的人也会全都留给孩

---

2 朋辈压力,指在某些特定的团体的决策当中,持有少数意见的人因未能或无法表态而只能顺从多数意见。

子。如果想吃的话，自己跟孩子每人一半，如此分享不是更快乐吗？不能把时间全都花在孩子身上，要确保自己有时间做自己想做的事。

一个好的母亲绝对不会完美无缺，完美无缺的人只存在于幻想当中。这个幻想是因朋辈压力而产生的。与其被这样的幻想所左右，对自己持否定的态度，倒不如轻轻松松地生活。我常常这样告诫自己。

育儿指南 6

多照些家庭成员的照片，越多越好，最好是多到整理不过来的程度。

每年最好进行一次家庭旅行，哪怕是简单的旅行也好。还有就是尽量多照些家庭成员的照片，越多越好，最好是多到整理不过来的程度。多数父亲可能会觉得这很麻烦，但你要知道，这些瞬间都是独一无二的。现在只要用数码相机记录下来，以后肯定会派上用场。

○ 从全家旅行的照片中得到很大的鼓舞

在我的脑海当中,始终残留着一个如同电影场景一般的画面。

当时大女儿和二女儿都还小,她们在沙滩上追逐着波浪,无忧无虑地玩耍着。那时长子还是个婴儿,这是他有生以来第一次看到大海。

我的脑海中总会闪现出两个女儿在岸边逐浪嬉闹的情形。那个画面至今仍然清晰。

为什么20多年前的事情我依然能够记得那么清楚呢?这是有照片的缘故。正是因为有了全家去海边游玩的照片,我才能够经常看到女儿们小时候的样子。于是,我就可以随时回到那个幸福的瞬间。

全家旅行可以说是一家幸福的象征。全家旅行时孩子们的笑脸是最好看的,我强烈建议大家一定把那些瞬间以照片的形式保存下来。这些照片会帮我们留下美好的回忆。

安排一次全家旅行吧,哪怕是简单的旅行也好,一定要把旅行中孩子的表情拍下来。于我而言,在工作上遇到困难时,才真正意识到这对我的帮助究竟有多大。每当我遭遇困苦，在沙滩上尽情游玩的女儿们的笑脸总会带给我欣慰。

○ 即便是给你留下深刻印象的场景，随着时间的流逝，也会逐渐从你的记忆中消失

这张照片中的女儿们，去年已经先后结婚了。一直和我们住在一起的长子，也由于工作调动离开了家。好像只是转瞬之间，孩子们就都已经长大了。

人们经常说父亲会因为女儿出嫁带来的失落感而落泪，然而我已经下定决心，绝不流一滴泪。我这个人有酒后落泪的毛病，但那一次，我真的没有哭。当时我认为，其实二女儿已经离开家去东京工作了，大女儿也早已经工作，平时跟她们见面的机会本来就不多，又怎么会有失落感呢？

大女儿在自己婚礼之前的两个月，策划了一次全家旅行，旅行的目的地是意大利。我们家所有的旅行计划都是由她来筹划的。她上大学时就经常一

个人去国外旅行，对于旅行可谓非常在行，她制订起计划来，甚至比导游都要专业。托大女儿的福，我去国外出差时，也不知多少次利用出差的空闲时间享受到了旅行的乐趣。这时我才意识到："啊！这个孩子再也不能帮我制订旅行计划了。"直到这一刻，我才感觉到一股极大的失落感向我袭来。

我努力回想大女儿上高中和上大学时的样子，却怎么都想不起来。这是当时我的工作非常忙，没有时间给她拍照的缘故。自打她上初中，再上高中，直到大学，这期间应该有很多令我印象深刻的事，但我却连一件都想不起来了。这令我懊恼不已。

现在的数码相机既易于使用，数据又容易保存，甚至就连声音也能录制下来。既然如此，那我们就将那些令人难忘的画面保存下来，越多越好，最好是多到难以整理的程度。不管是多么令人印象深刻的场景，即便是极度悲伤，如果没能被记录下来，我们也会很快就把那件事淡忘。照片能够帮助我们记住的只是那一瞬间的画面，影像的功能就比照片的强大多了。

跟孩子一起度过的幸福时光，过去了就不会重来，但如果留下照片的话，就可以反复重温。事实上，过后能让人感动的，并不是某次运动会上的照片，而是平常全家在一起共度温馨时光的那一刻。**"平常"究竟有多么幸福，照片会给我们答案的。**

第 2 章　爱笑的妈妈才有福气

育儿指南 7

> 从前,人们总是认为肯为孩子做出牺牲的母亲是伟大的,但最终的结果往往不尽如人意。为什么会这样呢?那是因为母亲在不知不觉间已经给孩子施加了过多的压力。

从前,人们总是认为肯为孩子做出牺牲的母亲是伟大的,但最终的结果往往不尽如人意。为什么会这样呢?那是因为母亲在不知不觉间已经给孩子施加了过多的压力。与此相反,往往做母亲的放松心情,才会出现好的结果。育儿成功与否的关键,就在于你究竟能够给孩子多少爽朗的笑容。

○ 无须成为伟大的母亲

所谓的好母亲培养出来的孩子未必就会有所发展。对此，有一件事让我深有体会。

我在一次聚会上认识了一位母亲，这位母亲凌晨四点半就开始做饭，几乎一天所有的时间都花在了孩子身上。我鼓励她说："可真够拼命的！"就结束了这次对话。

几个月之后我才知道，原来这位母亲竟然经常惹麻烦。我认识的一位老师碰巧在她的孩子所上的小学任教。据他讲，这位母亲竟然把孩子不长进的责任归咎于班主任。据说她还跟其他几位老师发生过冲突。她觉得自己那么努力，而班主任老师的努力却远远不够。她就是这么一位喜欢将自己的想法强加于他人的母亲，加上她自己也很努力，所以对自己孩子的要求非常高，这样一来，她的孩子每天就只能战战兢兢，夹着尾巴做人了。

我脑海中浮现出那位母亲的面容，感觉她的确有些过于拼命了。我反省自己，或许当初不应该跟她说:"可真够拼命的!"而应该劝她:"即使你不那么拼命,孩子也会不断进步、成长。"

○ 不要成为孩子成长的障碍

其实母亲无须付出太多的努力(不付出努力效果更佳)孩子也会进步、成长。我现在才意识到,原来我也曾被"只有足够努力的母亲才是好母亲"这一观点所束缚。

肯牺牲自我而去做某件事的人,对他人的要求往往也很高。因为他们会说,就连我都这么努力,你还有什么理由不努力呢?家长对孩子也是这样。正因如此,孩子才会看母亲的脸色行事,经常表现出顺从的态度,所以进步缓慢。

最麻烦的是那位母亲一直认为自己所付出的努力是"正确的"。要想说服一个自以为是的人绝非易事。

那么,她做的"正确的"努力究竟是为了谁呢?

真的是为了孩子吗？或许她只不过是通过孩子来展示自己的存在感吧。我们在教育孩子的时候一定要注意这一点。

我还认识一位情况与这位母亲正好相反的母亲。当时我还在山口小学担任班主任。她对孩子的管教根本就不上心，周围的人都劝她不要对孩子放任自流，我也提醒过她，可她完全当作耳旁风，仍然我行我素。显然她是个十分豁达的人。即便是现在，她也算得上是个非常豁达的人。但在当时，这样一位对孩子放任自流、我行我素的母亲肯定会遭到人们的质疑。我当时的想法还是太简单了。

那么这样一位开朗豁达的母亲，她的孩子究竟会是什么样的呢？自然是主动性强，办事有条理。他从不依靠父母，有一股凭借自己的双手去开创人生的自信与豪气。这位豁达的母亲为孩子做的事就是做饭和叫孩子早睡，剩下的就是顺其自然。尽管如此，她的孩子也自然而然地进步、成长了。

家长即便不加干预，孩子也会对自己的人生进行审视和思考。作为家长，最好不要过多干涉孩子，因为这会成为他们成长的障碍。

育儿指南 8

> 愁眉苦脸也不会对事情有任何帮助,我花了数年的时间才明白了这个道理。

愁眉苦脸也不会对事情有任何帮助,我花了数年的时间才明白了这个道理。对于自己无能为力的事情,只要端正态度,就会释然。我只需考虑该如何解决问题就可以了,这才是我应该做的。即使问题无法解决,愁眉苦脸也无济于事。

○ 不知道用什么办法能让孩子进步

"要笑颜以待",到现在我才敢理直气壮地说出这句话。至于说我年轻的时候能否做到,实在惭愧,当时真的是一点都没能做到。因此,接下来我要针对自己的问题进行反省。希望我失败的经历,能够让大家引以为戒。

我年轻的时候,根本就不知道该用什么方法才能促进孩子的成长与进步。不仅如此,我根本就是毫无办法而不自知,所以不管自己怎么做都无法奏效。我当时为此焦虑不已并眉头紧锁,或许有时候还会将过错归咎于孩子们。**孩子不长进,问题绝对不是出在孩子身上,而是出在对孩子进行指导的人身上。**

在孩子成长的过程中,总有一个进步神速的时期,自从我知道了有这么一种现象后,就望穿秋水,盼望着他们身上会出现奇迹。至于究竟该怎么做,以及什么时候才会出现这个成长的飞跃期,我却一概不知。我一直以为孩子的飞跃性进步是一种很神秘的现象，需要编一本特殊的教材，而且那一定会是一本很高深、很复杂的教材。当时我一直以为，如果让孩子们花上一定的时间去解答某道难题，那么等他们解开这道难题，也就是他们抵达终点的时候，他们身上就会出现飞跃性的进步，我的困惑自然也就得到了解决。但这其实是一个错觉。终于，我发现症结其实不在能否抵达终点，而在起点上。我意识到了自己在这个问题上的错误认识后，也找到了让孩子们打下坚实基础的方法。

○ 站在孩子的角度考虑问题

没什么大不了的。干脆让孩子们做低年级教材中的习题，通过反复练习达到能够迅速解答的水平，进而巩固其基础。我只不过是让孩子们反复练习简单的习题而已，仅此办法就让孩子们有了飞跃性的进步。弄明白这个问题以后，一切变得简单得令人难以置信。此类做法最有代表性的要算"百格计算练习"[3]了。同一套百格计算练习在连续练习两周的情况下才会见效。这是我当初在教育现场，为了省事，让孩子们连续两周练习同样的习题时发现的。

当时也是因为太忙，加之每次都出新题过于麻烦，于是就偷懒，让孩子们使用同一套习题练习。大概是早已经记住了习题的答案的缘故，孩子们很快就能完成习题。当初我只是觉得快速完成习题肯定会让他们觉得很畅快。后来我才发现，这种畅快淋漓的感觉才是最重要的。做某件事能使人心情愉悦，这一点至关重要。愉悦才能使人气定神闲，气定神闲才能集中精力。如果孩子们能很快完成基础习题，那就说明他们已经学会如何集中精力，实现了飞跃性的进步。

自从知道了让孩子们进步的方法以后，我的心情也变得轻松起来，再也不会愁眉紧锁了。

其实孩子有什么不会的，都是理所当然的事情。当家长的之所以会愁眉不展，就是因为还没找到让

---

[3] 百格计算练习，即在 10×10 的方格上方及左侧，分别写上 10 个数字（一般是从 0 到 9），然后让学生用指定的运算方法（加、减、乘、除）在纵、横两组数字交叉的格内写出答案。岸本裕史是百格计算练习的创始人，而本书作者阴山英男则为这套练习法的普及做出了巨大贡献。

孩子进步的方法。有些孩子无论你给他讲多少遍，他还是不会；有些孩子甚至根本就听不进去你说的话。出现这样的情况，家长就难免愁眉紧锁。但也请站在孩子的角度为他们想一想，做家长的是否对孩子的要求过高了呢？或者是说得过于抽象，孩子根本不知道该怎么做呢？以上现象其实很常见。**首先，紧锁双眉的人说出的话，没有人会愿意听**。就连我们大人也是如此。

育儿指南 9

「 作为一个母亲,最要不得的就是让笑容从自己的脸上消失。」

作为一个母亲,最要不得的就是让笑容从自己的脸上消失。如果这样,那孩子脸上的笑容自然也会消失。其结果就是,教师即便付出再多的努力也是无用的。比如,孩子上了初中,明白了一些道理以后,你和他的交流会变得容易一些,但如果是小学生,那么你跟他说什么,他都没办法理解。所以说,作为一个母亲,无论如何都应该保持微笑。

○ 较之对孩子的指导，对家长的关怀更为重要

我反复强调"母亲的笑容很重要"的理由只有一个：**对于孩子来说，母亲的笑容就是他们力量的源泉**。如果母亲的笑容消失不见，那么老师的工作将不会有任何收效，因为不管老师说什么，孩子都听不进去。如果母亲的笑容消失不见，即便老师用尽所有手段，孩子也不会进步，最后老师的工作将会以失败告终。在这种情况下，与其把重心放在孩子身上，倒不如放在孩子母亲身上。

在当小学老师的那段时间，我总是很积极地跟孩子们的母亲进行交流。我采取的是一对一交流的形式。我发现一位母亲脸上没有笑容，总是垂着头，一言不发，无论我说什么，她也只是无精打采地点点头。我知道我说的话无法在她心里引起共鸣，又觉得她有些可怜，到后来我竟也不知道该说什么才好了。

我很想让这位母亲安下心来。因为有了这样的

想法，所以我在跟她交谈的时候，尽量夸大孩子的优点。有时候我还会开些玩笑，以换取这位母亲的微笑。直到这位母亲的情绪安定下来，脸上也有了少许笑容，她的孩子才终于有了变化。

○ 要想让她露出笑容，就必须给她一个合适的场所

让母亲们脸上的笑容消失的原因，九成是夫妻间关系不融洽。有时候婆媳关系紧张也会让她们脸上的笑容消失。无论是上述哪种情况，都会给孩子带来非常大的伤害，从而使他们意志消沉。

曾经，我的班上就有一个女生的家庭关系恶化，以致影响到了孩子的学业。孩子父母之间的关系差到了极点，母亲脸上的笑容消失不见了，这个女生也因此而变得意志消沉，竟然不来学校上课了。她的父亲根本就不了解孩子的心理，只知道一味地责怪孩子的母亲。而孩子的母亲则夹在父亲与孩子之

间，处于两难的境地，脸上的笑容更是越来越少。

我觉得要想解决女生不来校上课的问题，首先要从她的母亲着手。于是我就让这位母亲经常来学校，而且每次都要和她在办公室里谈上将近两个小时。有时我会听她发一些牢骚，有时也会给她讲一些笑话，引她发笑。

那有点像现在的心理辅导。我周围的老师都表示不理解。但也正因为这件事，那个孩子对我产生了信任感。她本来是一个对大人极端不信任的孩子，但由于我肯倾听她母亲的心声，就对我产生了信任，后来终于对我敞开心扉，肯与我交流了。

经过一番交流，我才知道她原来有这样的想法："简直没法跟这样的家长打交道，我想早点自立。"她的母亲也发了一番牢骚，心中的不满得以宣泄，脸上终于有了些笑容，这个女生的情绪也随之稳定了下来，所以才会想到自己的未来。她对未来的思考的最终结论，用她自己的话来说，就是"想早点自立离家"。

后来，她有时还是不来学校上课。但她原本长期旷课的状态，已变成了偶尔逃学，总算有了些转机。从中也可以看出，她对家长只知道一味强迫自己去上学的做法，有强烈的逆反情绪。后来，她高中毕业就进了护士专业学校，成了一名护士。最后她终于实现了自己的愿望，那就是早日自立。我也颇觉安慰。如果她的家庭多一些欢笑的话，相信她一定会比现在发展得更好。

　　孩子上小学时，就是因为有了母亲的笑容和稳定的情绪，才会进步。孩子的母亲如果出现焦虑的情况，就应该找一个能够疏导焦虑情绪的方法，来找回失去的笑容。

育儿指南 10

> 日本人常将集中精力与紧张混为一谈。只有彻底放松，精力才能集中。

日本人常将集中精力与紧张混为一谈。只有彻底放松，精力才能集中。正因如此，运动员才会把比赛当成一种乐趣。但是他们身边的人却总是觉得比赛很重要，要求他们鼓足干劲，这只会令他们更加紧张，状态不佳。如果是考试的话，紧张足以让分数减少百分之十。因此，无论是在比赛还是考试之前，一定要面带笑容地说："我能做到！"

○ 因为充满乐趣，所以才能集中精力

多年来，在我心中一直有一个疑问。那就是为什么上课时斗志昂扬、加倍努力的孩子所取得的成果，竟然不及边玩边学的孩子所取得的成果呢？

比如，我在担任班主任的那段时间，有一次理科实验课的内容是让孩子们通过解剖牛的心脏来观察其结构。课后我用煎锅把牛心做熟了给大家吃。其实完全不用那么麻烦，我这样做的目的是激发孩子们的兴趣。

还有一次，我试着将声音的传播方式以可见的形式展示给孩子们。我让孩子们手持小黄旗，从学校的操场直到山坡上排成一排，再让他们听到发令枪响后举起小黄旗。枪响后，只见孩子们依次举起了手中的小黄旗。我就是用这种方法加深孩子们对声音的传播方式的理解的。

直到很久以后，我才终于明白为什么充满乐趣的授课方式会比较高效。其契机是发生在伦敦奥运会奖牌获得者记者发布会上的事情。

12名奖牌获得者的共同之处就是，他们都能放下心理负担，以比赛为乐。近年的奥运会选手明显不同于过去。选手们都坦言："我们以比赛为乐。"大家对待比赛的认识达成这样的共识后，日本取得的奖牌数也随之增加了。我小时候，奥运会选手给人的印象好像都是为了国家的荣誉而奋斗，没有一个人说是以比赛为乐的。另外，当时的环境也不允许选手说出这样的话。那时的选手的精神应该都很紧张吧。他们咬紧牙关拼命坚持，取得的奖牌数量也仍然不及现在的选手多。

我从中明白了这样一个道理：**人只有在精神放松的情况下才能集中精力，紧张的时候是无法集中精力的**。在我的课上，孩子们因为内容有趣而集中精力，我的课因此也达到了目的。我自己也以上课为乐。集中精力本身就很有趣。

○ 消除不安情绪

我从这些选手身上学到了很多东西。其中，最让我感动的是女子摔跤选手吉田沙保里。她接受采访时教练也在场，两人之间的关系显得十分友好，这一点让我非常惊讶。一般来说，人们肯定会以为格斗项目有着严格的上下级关系，**但年过50岁的教练对她似乎十分友好，两人不时开着玩笑，笑声不绝**。不过也看得出来，她对教练还是十分敬重的。不绝于耳的笑声不断引出新的话题，这使得她周围的气氛也变得活跃起来。我觉得只要她周围洋溢着如此轻松活跃的气氛，她的王者地位就会一直保持下去。

精神紧张就会无法集中精力，无论在任何场合都是如此。考试时，即便是在冷静的状态下能解答出来的问题，也会因为紧张得无法思考而答不上来。如果第二天有考试的话，那么与其让孩子紧张起来，倒不如告诉他"一定能行"，给他信心。

比赛结束后，运动员的父母通常都会问他们诸如:"肚子饿了没有啊?""累了吧?""发挥得好不好啊?"等虑及孩子情绪的问题,这些父母更重视如何才会让孩子心情舒畅,而不会过于关心比赛的成败。消除孩子的不安情绪是家长的第一要务,这是我从选手们的父母身上学到的。

育儿指南 11

> 如果一个孩子考试的时候局促不安,那么他考试合格以后也仍然会局促不安,而且他的整个童年时代都会在局促不安中度过。这很有可能会削弱孩子的能力及潜力。

如果一个孩子考试的时候局促不安,那么他考试合格以后也仍然会局促不安,而且他的整个童年时代都会在局促不安中度过。这很有可能会削弱孩子的能力及潜力。为了防止这种情况的发生,就要让孩子始终保持乐于去做某事的心态。这是日本女子足球教练佐佐木则夫在赛前对选手们说的一番话。

○ 为入学考试做准备时家长和孩子要齐心协力、乐观面对

最近的奥运会选手都有这样的倾向，那就是越是重要的比赛，就越被他们当成一种乐趣。日本女子足球队教练佐佐木则夫就常告诉选手们，要以足球为乐，而且为了让选手们有欢笑为伴，他平时也颇费脑筋。每当选手们出现心态失衡的情况，他就用笑声来缓解她们的焦躁情绪。即便选手偶尔犯错，他也不会让她们畏首畏尾、情绪紧张。做一件事，有乐趣才会让精力更加集中。人就是这样，有了乐趣，做事才有主动性。

在前文中我已经说过，奖牌获得者的家长们为了不让他们心情紧张、能够放松情绪而费尽了心机，根本不会在意结果究竟如何。

参加小学入学考试的孩子的妈妈们也是一样，她们帮孩子理解数的概念，和孩子一起画画，其重点在于孩子们觉得这些很有乐趣。如果孩子不喜欢，妈妈还要强行施教的话，这是最不可取的。

对于幼儿而言，学习和游戏根本没有什么明显的区别。如果家长能和孩子一起为考试做准备，而又乐在其中的话，那是最理想的。我觉得，即便最后没能通过考试，孩子也会希望家长能够和自己一起努力、一同开心。

○ 孩子会将家长的行为举止如实复制下来

如果家长只看重考试结果，对考试合格与否过于患得患失，那么孩子也会萎靡不振，难以发挥其应有的实力。**在考试之前变得神经质的家长，其实并不是因为考试才变得神经质的，而是遇事就会神经兮兮。他们无论遇到什么事，都会想方设法找到令自己不安的理由，并为此担心不已。**

即便孩子考试合格，他们还是会担心诸如"孩子跟班主任合不来该怎么办""如果交不到朋友怎么办""如果交朋友，与朋友关系不融洽该怎么办"，等等。他们常常会像这样，担心一些无谓的事情。

并不是所有的妈妈在孩子考试之前都会变得神经质，有的妈妈也很豁达。即便孩子没有通过考试，她们也会以很坦然的心态去面对。她们在回答面试问题的时候也能保持镇定。有人合格，就肯定会有人不合格，她们把考试权当增长孩子的见识的过程。实际上，这种家长教育出来的孩子，顺利通过考试的比例还是很高的。

处于幼儿期的孩子会如实地将父母的行为举止复制下来。其实从孩子画的画上就可以看出一些端倪。

如果妈妈比较神经质的话，那么孩子画中的人物会很少，而且人物的脸上也没有笑容。比如，有一张画，画中只有画画的这个孩子和他的弟弟在沙地上玩耍，当时的天气如何，旁边还有什么人，以及其他人都在做什么等情景一概没有，画中所表现出来的内容简直少到极点。

相反，如果妈妈比较开朗豁达，那么孩子所画的画则截然不同。比如，这张画中出现的人物较多，并且都是面带笑容。画中一部分孩子在公园里踢足球，大人们在一旁看着，旁边还有一部分孩子在荡秋千，还有太阳当空。画中所表现出来的内容比较丰富，孩子也能够清晰地描绘出当时的情景。这个孩子颇具绘画技巧，也看得出来他画画时的愉悦心情。

与其总是杞人忧天，倒不如随遇而安，开心面对。这样一来，你的态度自然会反映在孩子身上。跟孩子在一起时最重要的就是快乐，这样孩子的注意力才能集中起来。

育儿指南 12

「孩子能有多少进步,是与家长脸上的笑容的多少成正比的。」

孩子能有多少进步,是与家长脸上的笑容的多少成正比的。与其为孩子没有进步而唉声叹气,倒不如换个思维模式,不去想孩子学习的事,多想想跟孩子在一起时怎样才能快乐。一本正经有时候毫无意义。

○ 越是在困难的时刻，笑容越能让孩子安心

要想让孩子精力集中，有一点要做到，那就是让孩子安心。有了一个能够令孩子安心的环境，他才能发挥出自己真正的实力。母亲的笑容是孩子内心安宁的源泉。如果家长愁眉紧锁，孩子就会畏首畏尾，一心惦记着结果怎样，根本无法发挥全部实力。

1. 家长愁眉紧锁。2. 孩子畏首畏尾。3. 孩子无法发挥应有的实力。4. 孩子难以进步。再由 4 循环至 1，这样一来，就会陷入恶性循环。越是认真的母亲，就越容易受挫，越容易陷入这种恶性循环。事情进展不顺利时就需要转换思维。如果孩子在学习上进步缓慢，就不应该再变本加厉地强迫他去学习，家长和孩子都应该放下包袱，暂时把学习的事情放到一边。这样一来，就可以为孩子营造一个安下心来的环境。在这个过程当中，欢笑是至关重要的。

在日本社会中，如果在遭遇挫折时发笑，会被人认为玩世不恭。所以一位母亲要是在育儿的过程中有什么烦恼的话，根本就不会想到应该笑颜以对；此时的她甚至早已经忘记了还有欢笑。

当遇到困难或是挫折时，重要的是笑颜以对。因为僵化的头脑绝对想不出好的对策。说实话，我自己也从中吸取了不少教训。如今，我才终于意识到欢笑的重要性。过去，我也常常给自己施加压力，也曾经苦着脸去做事。之所以如此，一则是自己当时太年轻，二则是自己的心态不够平和。那时，即便我通过努力而有了不错的结果，周围的人给予的评价也都不好。与其这样，倒不如跟大家一起开开心心，而不过分纠结于结果如何，反而会有意外的收获。时至今日，我才意识到这个问题。

正是因为我意识到自己苦着脸做事的做法有问题，所以在这里我要告诉各位年轻的父母，要让孩子开开心心地取得进步。在这个过程中，欢笑是必需的，希望你们能够在此过程中有意识地保持欢笑。一本正经是毫无意义的，过分认真只会让自己的思维僵化，我不断这样告诫自己。

○ 最能够给予孩子欢笑的就是母亲

我认为，女性在营造令人欢乐的氛围方面具有压倒性优势。看看那些连筷子滚动都觉得奇怪的女高中生就知道了，一点点小事都能让她们开怀欢笑。

在逗孩子开心方面，母亲远比父亲擅长。下面是一位母亲的亲身经历。冲绳特产有一种叫"阿古猪"的玩具，这位母亲把它买回家逗孩子们和丈夫开心。猪本身就是一种能够引人发笑的动物，这只小猪也是一样，只要一按它的肚皮，它就会发出"哼哼"的叫声。家里要是有人无精打采，她就会让这只小猪"哼哼"地叫几声，以舒缓他们的心情。后来，孩子们也受了她的感染，经常用这只小猪逗全家人开心。这位母亲一直很擅长哄孩子们开心，而孩子们应该也从欢笑声中获益匪浅吧。

要想让孩子开心，首先家长自己要乐观向上，但孩子身上出现问题的话，家长自然也开心不起来。如果是这样，肯定无法给孩子带来欢笑。所以，即便孩子无法静下心来学习，总是丢三落四，也不要烦恼,就把这一切暂时都放到一边吧。**可以在购物的时候,想一想买什么会让孩子开心,想好以后给孩子买一件礼物或许是个不错的主意。**与其双眉紧锁、满脸犯难,倒不如给孩子带来积极的影响。总之,首先要让孩子安下心来,余下的事情可以慢慢考虑。

育儿指南 13

趁孩子不在家的时候，你可以照一下镜子。据说总是训斥别人的人，面相会变得不好。

> 趁孩子不在家的时候，你可以照一下镜子。据说总是训斥别人的人，面相会变得不好。你可以一边进行脸部按摩，一边练习微笑。即便是假笑，也在镜子前面笑一下吧，或许当天你跟孩子之间的关系就会有所改善。笑容，就是刻意做出来的。

○ 要在起居室摆放一面镜子

我曾经提议要在起居室摆放各类图鉴。不要将这些图鉴摆在漂亮的书架上，而应该放在起居室中触手可及的位置，以便能够随手翻看，期望这样可以刺激孩子的求知欲。在这个提案的基础之上，我建议所有的母亲**在起居室摆放一面镜子**。摆放这面镜子的目的，不仅是用来化妆，平时还可以用来检查自己的表情是否得当。

我觉得一个人若是经常训斥别人，面相就会变得不好。我们可以观察一下镜中自己的面庞，也可以试着强行做出一个微笑的表情。心情烦乱的时候正是练习微笑的最佳时机。

孩子喜欢母亲的笑容远胜于其他任何事物。母亲脸上的笑容能够起到改善母子或母女关系的作用。

在学校当老师的那段日子，我总会在进教室之前照一下镜子，只有当镜子里呈现出笑容时，我才会走进教室。特别是前一天或当天早上有让我心烦的事情时，我会对着镜子强行挤出一个笑脸后再进入教室。如果老师从早上开始就面带笑容，那么教室里的气氛就会轻松愉快起来，这直接影响到上课的质量。正因如此，即使是硬挤出来的，我还是会面带笑容。随着笑容的增加，人的面相会变得越来越好。

谁都不愿意接近面相不好的人。在连续受挫的时候，我自己都能感受到自己的面相会变得非常不好。这个时候，我就会试着想办法通过在饮食上下功夫或是尽量早睡等手段来改善这一状况。我试过了很多办法，其中当数按摩最为有效。我在面相变差时就会面部肿胀，而面部按摩则可促使淋巴液的回流通畅。通过按摩可以改变人的面相。顺便一提，我自己接受的是田中宥久子的面部塑形按摩，她的按摩术因能使人青春焕发而闻名。

当你意识到自己的表情变得阴沉以后，一定要试一下脸部按摩。在此之前，我劝各位先在起居室放上一面镜子。

○ 身为人母的女性，自然是打扮得越漂亮越好

你脸上的笑容，是你愉悦心情的真实体现。内心的愉悦，完全可以体现在外表上。我完全不懂什么是时尚，所以也没有资格对时尚夸夸其谈。**不过，打扮得漂漂亮亮，对孩子的教育肯定是有益处的。** 人的外表会影响到人的心情，如果打扮得漂漂亮亮，那么心里自然会生出一种前进的动力。

从前，处于育儿阶段的母亲如果过于注重打扮，肯定会被人说三道四。不过，如果母亲每天披头散发、表情阴沉，那孩子的心情恐怕也很难好起来吧。为了孩子暂忍一时之苦，这样的做法对孩子来说没有什么好处。因为孩子看到自己的母亲，就看到了将来的自己。作为一名母亲，如果真的是为了孩子的幸福着想，就应该从现在开始好好珍视自己的幸福。

身为人母的女性可以尽情打扮自己，展现美丽。也不用穿特别名贵的衣服，只需翻看流行杂志、研

究一下流行趋势即可。总之，完全没有必要压抑自己的爱美之心。身为父亲也应如此。

笑容与漂亮的打扮看似与育儿没有丝毫关系，实则关系密切。家长的一举一动都和育儿关系密切。家长现在的幸福，就是孩子将来的幸福的切实保障。

第 3 章

孩子的成长其实不需要花钱

育儿指南 14

> 我绝不认为只因环境优越就能培养出优秀的孩子。在恶劣条件中成长的孩子反而更具智慧,这将让他们更容易走向成功。

有些家长在经济不宽裕、时间不充裕、环境也不是很理想的情况下,同样能很好地育儿。无论是在育儿方面,还是在工作方面,各方面条件都十分优越的人毕竟是少数的。而且我绝不认为只因环境优越就能培养出优秀的孩子。在恶劣条件中成长的孩子反而更具智慧,这将让他们更容易走向成功。

○ 要乐于通过智慧和窍门来解决难题

孩子还小的时候,谁家都不会富裕,也不会有太多的时间。任何一个家庭都是如此。但是如果肯想办法,最后的结果或许会出人意料地好。

当我的 3 个孩子都在上小学的时候,家里真是既没钱,又没时间。当时孩子们的衣服都是大的穿完小的穿。现在的人或许不理解,但那时就是会将大一点的孩子个子长高以后无法再穿的衣服,转给小一点的孩子继续穿。除此之外,我们还会把衣服磨损严重的部位补一补,让孩子接着穿。零食要是在外面买的话就会比较贵,所以我们家的零食都是自己做的。多动脑筋,穿旧的衣服缝缝补补,能自己做的东西都自己做,当时我们就是这样生活的。其中印象最深刻的就是,全家人去北海道旅行,却没有花多少钱的事了。

一次,我听说邻居去了北海道旅行,玩得十分开心,于是我就决定也带孩子们去北海道旅行。费用是个大问题,我私下问过那位邻居,据说是花了大约60万日元（1日元≈0.0584元人民币）。听到这个数字以后，我大吃一惊。我实在没办法一下子拿出这么多钱，于是我们决定只花一半的钱，即30万日元，去北海道旅行。

北海道有几处露营地。我们开上面包车，载上露营用品，专门在有露营地的地方过夜，每处露营地都留下过我们的足迹。有时我们就在免费的露天温泉中洗去身上的汗水。有的地方没有露营地，我们就在廉价的旅馆中过夜。吃的方面我们也很节俭。在小樽，我们就把海鲜倒在从便利店买来的米饭上，做成海鲜饭。这样的海鲜饭价格格外低廉，而且味道也不错。我们从小樽出发，途经札幌、网走，抵达知床半岛的尽头后，又折回到钏路湿地。结果全家5个人，10天的行程，绕北海道半圈，才花了30万日元。我们去了其他人不曾到过的地方，真算得上是一次愉快的旅行。从其他角度来说，别人就算是花了钱，也无法体会像我们这次北海道之旅的乐趣。

○ 不必因为经济不宽裕而觉得愧对孩子

有很多母亲会为经济不宽裕或者没时间陪孩子而感到内疚。其实大可不必。**"咱们家穷，让你受委屈了。"千万不要对孩子说这样的话**。在这样的家长看来，没有足够的金钱和时间，就无法给予孩子充分的教育。这也让孩子误以为好的家庭环境才是学习的标准配置，或许等他们长大以后，同样也会误以为只有在优越的环境中才能做好工作。但请你们想一想，没有哪家公司可以不做预算就随意支出的，任谁在工作时都是充分运用自己的智慧，在精打细算中对有限的预算善加利用的。

育儿也是同样的道理。经济不富裕，没有时间，但动脑筋想办法克服这些困难的过程或许会十分有趣。正是因为不富裕，人们才会想办法去考虑如何应对。如果条件优越，那谁也不会去考虑这些事了。因此，不要觉得条件不好就无法好好教育孩子，更不要因此而感到自卑。

有统计显示，收入较高的家庭，孩子的学力偏差值[4]也相应较高。如果有人看过这个统计，认为自己的经济条件不好而贸然放弃对子女的教育，那实在是一件憾事。这仅仅是一部分城市家庭的统计数据。从日本全国学力测试的结果来看，秋田县与福井县的排名比较靠前，但这两个县的居民收入却不是很高。由此看来，孩子学习能力的高低，应该不是由家长的收入决定的。其实，最重要的是早睡早起和吃早餐。即便家庭条件不好，也有可能出现好的结果。虽说家长的收入与孩子的学力偏差值的高低存在一定的联系，但如果肯多动些脑筋、多下点功夫，我认为还是有很大的发挥空间的。

4　学力偏差值，是日本检验学生综合学习能力的一项指标，其计算公式为：某学生的偏差值 =10×（该学生成绩 – 平均成绩）/ 标准偏差 +50。

> 处于育儿阶段的家长,除了感情的付出以外,大可不必为没能给孩子提供良好的学习环境而内疚。因为这样会让孩子变得自卑。

处于育儿阶段的家长,除了感情的付出以外,大可不必为没能给孩子提供良好的学习环境而内疚。因为这样会让孩子变得自卑。即便是再富裕的家庭,也不可能一点问题都没有。我认为,要相信孩子的未来一片光明,不会有一丝阴霾。作为家长,一定要坚定这个信念。

○ 不要让孩子自怜自悯

孩子就像一张白纸，对于家长的想法及主张他会全盘接纳。

如果因为家里经济条件不好或是没有时间，家长就觉得在教育上亏欠了孩子，那么他的想法自然会在孩子的身上反映出来。一开始孩子并不会有什么想法，但在了解了家长的态度之后，他一定会觉得："啊，我们家原来不够完美，总比别人家多点问题。"

家长内疚是因为他总是拿自己家跟别人家做比较，是因为邻居家比较富裕，能够拿出钱让孩子去上补习班。另外，邻居家还经常出去旅行，而自家却……如此一来，这位家长就产生了这样的想法："咱们家比不上邻居家，实在对不住孩子。" **"无法在教育方面做到尽善尽美，孩子实在是可怜。"如果家长抱有这样的想法，那孩子也会觉得"我是个可怜的孩子"，于是就会变得自怜自悯**。他会认为自己是一个没钱去补习班、没钱进行家庭旅行的可怜孩子。

自怜自悯的孩子无论做什么事都会胆怯。他会认为自己是个可怜的孩子,所以失败或是遭人嘲笑也许在情理之中。有了这样的想法,他们就失去了前进的动力。殊不知,让他们变成"可怜的孩子"的不是别人,正是他们的父母。我之所以说不要有对不起孩子的想法,原因就在于此。

那么,家境宽裕的邻居家的教育条件(假设"教育条件"这种东西真的存在的话)真的十全十美吗?答案是否定的。即便家里有钱,肯定还会有其他的问题或课题有待解决。没有问题也没有烦恼的家庭是不存在的,只不过是有些人不把自己的烦恼说出来罢了。

任谁都不愿意把家里的问题说给别人听,所以有些家庭总是看起来很美满,但那也是表面现象而已。如果觉得别人的家庭都很美满,那么就会认为只有自己的家庭有问题。人们总会觉得就连邻家的草坪都比自家的绿,但他们看到的往往只是表面现象。

○ 不要担心未来，要相信未来

家长越是对孩子感到愧疚，孩子就越是对自己的家庭感到自卑。如果家长的想法是"或许我们家很穷，但我们很幸福"，那么孩子通常也会这样想。

家长的情绪会感染到孩子。

孩子在考试中的成绩不佳，如果家长抱有"只考了这么几分，以后可怎么办？"的想法，那孩子的情绪自然也会受到家长的感染，想着"我只能考这个成绩"，渐渐失去自尊心。易焦虑的家长其本身自信心就不强，而他们又将这种焦虑的情绪传染给孩子。有不少家长误以为为孩子操心才是爱的表现，但实则操心和爱完全是两码事，过度操心的弊害是非常大的。

身为家长一定要做的事情其实很简单，就是不要感到内疚，也不需要过度操心， 只要坚信自己的孩子将来肯定会幸福，那么孩子就一定会朝着幸福的方向迈进。

育儿指南 16

> 教育是一份需要用心的工作,所以心态平和才是最重要的。

教育是一份需要用心的工作,所以心态平和才是最重要的。带有不安情绪的孩子,基本上很难有进步。

○ 成绩一落千丈的原因是情绪不稳定

在孩子成长的过程中,有一个非常重要的因素经常被忽略,那就是孩子的心理。**心理与学习是密不可分的**。在对孩子进行指导时,如果绞尽脑汁孩子还是没有一点进步,就基本上可以确定,孩子心里肯定有什么烦恼或是不安,致使无法集中精力学习。

我担任班主任的时候,就有好多孩子在解决了心理问题后,情绪稳定了下来,成绩也随之进步。我在担任五年级的班主任的时候,有一个女孩子就是这种情况。她的成绩不错,但是有一段时间变得非常不稳定,忽高忽低的。我觉得其中一定有什么原因。但最初无论怎么问她,她都不肯说,后来她才告诉我,原来是她和小圈子内部的朋友们发生了矛盾。

说实话,我实在不善于处理小学高年级女生之间的矛盾。我希望她们尽可能自己处理好这件事,但是如果她们之间的矛盾已经对学习产生影响,我就不得不介入了。后来听她们那个小圈子里的其他女生说，她和其他人产生了误会，接着不知怎么又和好了。再后来，那个女生的成绩终于又像从前一样，稳定了下来。我长出了一口气。

这虽然是题外话，但小圈子内部的矛盾有时候会让全班的气氛变得很不好，还有可能衍生出欺凌事件，绝对不可等闲视之。

一旦遇到孩子成绩急转直下的情形，极有可能是孩子在心理上发生了某种变化。与其把考试分数看得很重，倒不如先仔细观察孩子的情况，再找他谈话或是给他提一些建议。甚至可以想想是不是孩子卷入了欺凌事件。

○ 家长的不安情绪会传染给孩子

班级里的矛盾，老师自然有能力解决，可孩子内心的不安及发生在家庭内部的矛盾，老师就束手无策了。

如果一个孩子的父母随时都有可能离婚，那么就算你让他做最简单的练习汉字书写，他也会心不在焉。心不在焉，自然什么都记不住。所以说，父母心中的不安情绪，会加倍传导到孩子心里。

作为家长，虽说保证内心的安宁至关重要，但在如今这个时代，要维系自己内心的安宁却是一件很难的事情。贫富差距不断扩大，并不富裕的人们非常容易对自己的人生失去信心。人们多以年收入的多少来衡量一个人的价值，社会风气就是如此。看着电视上与自己同龄的人去夏威夷旅行、去迪士尼游玩或住着高档雅致的住宅，虽然明知那是炫富节目，却难免会与自己的家庭做一番比较。比较之后，一股莫名的焦虑与不安油然而生。

我自己就是在一个贫穷的家庭里长大的，母亲总是说：**"别人是别人，咱们是咱们。"** 其实那个年代在当地，大家都很贫穷，也就没把贫穷当成一回事。从这点来说，现在的孩子应该都觉得贫穷的生活很辛苦吧。跟别人家攀比非但无法让自己获得幸福，不少人反而越比较越觉得自己不幸。所以，不要接触让自己产生焦虑的东西，要为自己营造一个能使内心获得安宁的环境。孩子内心的安宁有了保障,教育、学习以及成长才有可能持续下去。而孩子内心的安宁,又是以父母内心的安宁为支撑的。

育儿指南 17

> 这感觉真好。从些许进步中获取巨大喜悦。

这感觉真好。从些许进步中获取巨大喜悦。这是身为指导者应具备的技巧,这项技巧完全可以通过训练修得。这跟让孩子在褒扬中成长是一个道理。但是如果缺乏切实的手段促使孩子进步的话,褒扬也会很快失去效果。关于这点,就不在这里赘述了。

○ 如何才能发现孩子的微小进步

如果能从孩子的些许进步当中获得喜悦，那么育儿将会成为一件十分快乐的事。孩子在成长过程中，随时都会有一些微小的进步，只不过家长对有些进步视而不见，或者对此不以为意："这么个程度，根本就算不得进步嘛。"这着实令人惋惜。那么究竟该如何做到从孩子的微小进步当中获得喜悦呢？我有两点建议。

第一点就是，与其把关注的焦点放在"做不到"上，不如把目光转移到"做到"上。第二点就是，表扬要有适当的尺度。

我先说第一点。不管是多么小的事情，只要实现了从"做不到"到"做到"这一过程，那就是进步。如果家长仅仅期待着大的进步，就很有可能忽视孩子微小的进步，或是认为孩子微小的进步根本就不值一提。重大的进步是由无数个微小的进步积累而来的。但有的家长却无视那些微小的"做到"，而只关注"做不到"。下面我举几个例子。

有个孩子总跟自己的妹妹抢玩偶,平时家长总是斥责他:"不要抢了!"但今天他将玩偶让了出去,只是安安静静地玩着。这也算是一个从"做不到"到"做到"的小小的进步,但是她的家长对此却无动于衷。

还有个孩子,无论家长怎么说,他总是把鞋子随便丢在门口,从来都不摆放整齐。而今天他的鞋子却整齐地摆放在那里。他的家长也只是在他把鞋子乱丢的时候训斥他:"不是告诉你要把鞋子放整齐吗?!"而当孩子将鞋子整齐地摆放在那里的时候,他的家长却视若无睹,认为这是理所当然的。但是,这的确是孩子从"做不到"到"做到"的小小的进步。

○ 要以表扬为主

在为孩子取得的微小的进步而欢欣之时,也别忘了把你的感受分享给孩子。不要忘记对他说:"在一起玩得多好啊！""不用人说也能把鞋子摆放整齐了！"以上这两个例子都跟我说的第二点"表扬要有合理的尺度"有关。**如果孩子因为做得好而受到了表扬，那么他一定会意识到，自己是在不断成长的。与此同时，在他的意识里，也形成了一种"怎样做才是正确的"的自觉。**

要想从孩子的微小进步当中获得喜悦，必做的第二点就是，**表扬孩子一定要有合理的尺度**。最近，在孩子的教育方面似乎有这样一种趋势，就是通过表扬孩子以促使其进步。却不提具体怎么做才能让孩子进步。孩子受到表扬后，心情会变好，也会暂时听家长的话。但是给孩子戴了高帽以后，下一步该怎么做呢？只给孩子戴高帽，让他心情舒畅，这并不足以让孩子进步。至此，距离成功似乎还有一些距离。

称赞对方的目的在于向对方传达这样一条信息："你做得很好。"但无论孩子做了什么事都表扬的话，那么孩子对于"什么是好的行为"的认识将会越来越模糊。就像前面我们所举的例子，"对妹妹好"和"不用人说也能把鞋子摆放整齐"，这些都是值得表扬的"好的行为"。对于孩子来说，受到表扬让他们认识到什么是"好的行为"，有助于他们构建自己的行为准则。另外，家长手中如果掌握着诸如"能够认真听别人说话""对人亲切有礼""地铁中不打闹喧哗"等项的"好的行为"列表的话，那么孩子也会为自己有小小的进步而感到欣喜的。

育儿指南 18

就是！就是！你要是让孩子自己思考，他反而更不肯思考了。他总是等着你去教他。

就是！就是！你要是让孩子自己思考，他反而更不肯思考了。他总是等着你去教他。倒不如放手不去管他，让他自己在力所能及的范围内进行思考。

○ 扩大好球区的范围

孩子看似没有在思考问题，实则不然，只不过孩子的行为没在母亲们的"好球区"[5]之内罢了。

我觉得有时候母亲们眼中的"思考能力"的范围实在是太小了。下面我举个浅显的例子说明一下吧。比如，孩子解开了一道难题，这就在母亲们的"好球区"范围之内；而孩子在玩的方面下功夫，在她们眼里就是"坏球"[6]。其实无论以上哪种情况，孩子都是在做思考，只不过在母亲们看来，在学习上下功夫可以，但在玩上下功夫就不在"好球区"范围内。

如果思考的"好球区"范围过于狭小，限制孩子思维的拓展，就等于剥夺了孩子独立思考的乐趣。这就和母亲说"不要思考预设范围外的事情"一样，到头来培养出的孩子反而没有了思考能力。

---

5 好球区，是棒球或垒球比赛中，对投手投出的球的好坏的判断依据。好球区在本垒板的正上方，高度为击球员击球时的自然站立姿势的膝盖的上沿至腋部之间，宽度与本垒板同宽的这一区域。

6 坏球，在棒球比赛中，投手没有将球投进好球区，并且打击者也没有挥棒，则此球被判定为坏球。

我曾经亲眼看到这样一幕场景。一位母亲跟孩子商量去哪里玩,孩子想了很久,说出很多备选答案,想做这个,也想做那个,但都被这位母亲否决了,最后还是按照母亲的意思,去了母亲想去的地方。很显然,从一开始,这位母亲就决定了去哪里,但她还是让孩子进行选择。遇到这种情况,母亲应该一开始就把自己想去的地方告诉孩子。如果自己的提议屡次被拒绝,恐怕换成谁都不会再想提议了。如此一来,在孩子的头脑里,早已经有了"应该由妈妈来决定"这个答案,当被问及"该怎么办"时,他知道,其实母亲心里早就有了定论,根本就没有必要讨论该怎么办。我一边听着这对母子间的对话,一边思考:这样一来,这位母亲培养出的孩子肯定不具备独立思考能力。

其实要培养孩子的独立思考能力,并不需要大费周章,也不需要做深入的研究。我想提醒广大家长注意的是,在日常生活当中,可以培养孩子的独立思考能力的机会其实有很多,只是这些机会都被我们剥夺了。

○ 家长只有学会放手，孩子才能学会思考

要把"好球区"的范围再扩大一些，即便孩子投的是一个坏球，也要当成好球来打！

即使家长放手不管，孩子也依然能够成长。家长要做的，仅仅是不让孩子往不好的方向发展，这就足够了。因此，要培养孩子的独立思考能力，与其干预，倒不如放手不管。

家长既要培养孩子独立思考问题的能力，又要插手干预，这简直是自相矛盾。因为思考本身就是一种自发性的行为，是无法被强迫的。只有自发性的行为才能称得上是思考。我们非但不应限制孩子的思维，反而应该为其得出令人意想不到的答案而高兴。

究竟是什么让母亲们的"好球区"范围越变越小呢？我认为，这和培养孩子的思考能力的一般看法有关。通常人们会认为培养孩子的自主思考能力的责任在于母亲，就是这份压力使得她们丧失了对情况的判断能力，也令她们丧失了思考的能力。不

要太在意别人怎么看,只要按照自己的想法去教育孩子就够了。孩子看到母亲独立自主的身影,自然会以她为榜样。如此一来,孩子就会被培养出独立思考的能力。

> 能为孩子做些什么,要放到第二位。最重要的是,作为父母,是否具有令孩子信服的生活态度。

关于育儿的必要准备。能为孩子做些什么,要放到第二位。最重要的是,作为父母,是否具有令孩子信服的生活态度。有了这个基础,孩子就会对你产生信任感。没有人可以在育儿过程中做到十全十美。即便你在经济方面无法满足孩子,这也不会带来任何不良影响。

○ 不要成为要求过多的家长

"为了孩子着想",其实这对孩子来说全无益处。有些家长总是在考虑该为孩子做些什么、能为孩子做些什么,但对于很多孩子来说,这些家长操的都是无用的心。

这是因为孩子要针对家长口中的"为了孩子着想"做出回应。家长对孩子提出的要求越多,设定的门槛越高,孩子就越会厌烦。提出过多要求的家长会被孩子讨厌,即便没到被讨厌的程度,也不会得到孩子的尊重。"家长总把他们的想法强加给我,我该怎么办呢?"不满的想法会源源不断地从孩子的心底涌起。特别是高年级的孩子,随着年龄的增长,他们对父母的要求也会越来越高。

与此相反,如果家长在生活中能够充分体现出自己的价值而赢得孩子的尊重,这本身就是一种很好的教育。其实根本没有必要对孩子提出各种要求,家长自己对待生活的态度及方式就是孩子的榜样。

看到家长的样子，孩子能跟着学，这就足够了。

如果想让孩子尊敬你，首先你自己要有令人信服的生活态度。如果不对自己严加约束，而只是一味要求孩子该如何，那对孩子是没有任何促进作用的。

"话虽如此，但是我经济上不算宽裕，工作也不顺心，无论如何也不会赢得孩子对我的尊重。"或许有人会抱有这样的想法。但事实并非如此，父母是否富有，这对孩子来说并不十分重要。孩子不会因为你有钱而尊敬你，更不会因为你没有钱而不尊敬你。

我们可以回顾一下自己的童年，看看自己对家长敬重与否，是不是以金钱为依据的。其实并不是因为自己的父母有钱才尊敬他们吧？只有一丝不苟、努力的家长才会得到孩子的尊敬。即便谈不上尊敬，这样的家长至少也会得到孩子的认同。只是一味地严格要求孩子，无论对家长还是对孩子来说，都是毫无益处的。

○ 不要让孩子的生活过于安逸

在有些人眼里,教育就是一件费钱的事,还有人认为没有金钱的支持,就根本无法给孩子提供良好的教育。我为这些家长有如此想法感到非常遗憾。

回顾"二战"前后的历史,当时日本还很落后,却已经有很多日本人不仅从事着十分了不起的工作,还因此扬名于世。这些人绝不是因为有钱才得以从事让人艳羡的工作的,他们成长的环境,也并非十全十美。

在如今这个时代,试图在完美的环境中以万全的姿态来应对孩子教育的人越来越多。也有很多家长为此事来找我咨询。每位家长都想让自己的孩子不断进步。但是,如果想在教育方面做好一切准备,以策万全,那对孩子来说绝不是什么好事。如果让孩子的生活过得太安逸,他将会认为这是理所当然的,如果离开安逸的生活,他就会无所适从。并不是说给了孩子一个完美的环境,他就一定会成长、进步。

完全没有必要因为无法让孩子过上富裕的生活而感到愧疚。只要能让他有充足的睡眠与饮食,这就足够了,其他的都是非必要因素,是可有可无的。与其在能为孩子做些什么上伤脑筋,倒不如好好考虑一下孩子对家长的生活态度是否认同、是否认为家长是值得尊敬的。关于这一点,我们可以通过回顾自己的童年经历加以验证。

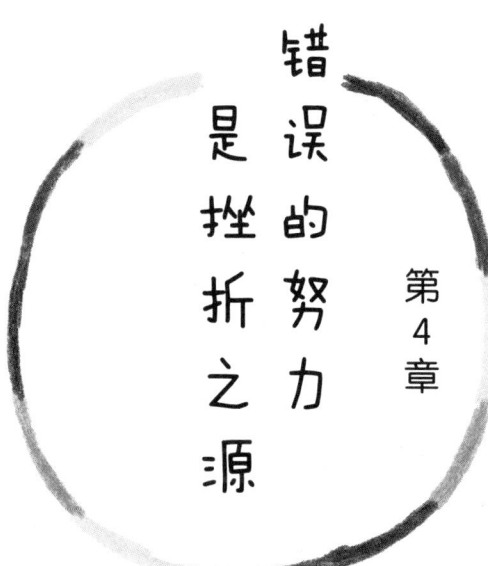

第4章 错误的努力是挫折之源

育儿指南 20

> 有些家长认为，孩子在家只有长时间学习才最有效。其实这是个致命的错误。

有些家长认为，孩子在家只有长时间学习才最有效。其实这是个致命的错误。学习的内容要由学习的目标来决定。要尽可能缩小习题的范围。还有，要让孩子尽量在短时间内完成习题。如果在不见成效的情况下，还让孩子无休止地做练习，那孩子的学习能力是得不到提升的。

○ 明确目标,让孩子在短时间内完成

孩子的学习时间越长效率越低,注意力也会越来越无法集中。但不知为何,只要孩子能长时间坐在课桌前面,家长就有一种莫名的安心感。或许是因为只有这样,家长才会觉得孩子在努力学习吧。

有很多家长误以为孩子只要长时间坐在课桌前面,就一定是在学习。很遗憾,事实并非如此。有的孩子坐在课桌前,看似在学习,但他未必能掌握所学知识。所以,必须明确学什么、怎么学以及如何才能达成学习的目标。比如:

目标:在借位减法运算中不出现错误

方法:把借位减法的习题练熟

目标:熟读成语

方法:把成语的习题集练熟

目标:提升考试成绩

方法:回顾过去考试中的错误,并一一做会

这些只是将目标与方法相结合的例子。其中最重要的是让孩子掌握能在短时间内达成既定目标的

方法。因为短时间的集中学习可以提升学习效果。如果在不知道如何才能达成目标、孩子也磨磨蹭蹭的情况下，还只是没完没了地让孩子做题，那么孩子将会一无所得。

我们要摒弃只要孩子在学习就放心了的想法。**若学习方法有误，孩子学到的就只有磨磨蹭蹭，这样一来，孩子的学习能力就会不升反降。长时间学习只会带来负面效应**——不仅仅是降低学习能力，还会让孩子产生厌学的情绪。

○ 集中注意力是学来的

不知为何，孩子们百格计算所需时间缩短的同时，社会课的成绩也会得到相应的提升；提前学习汉字（本学年应该用一年时间才学完的汉字，只用两周时间就提前学完）以后，算术的成绩也会得到相应的提升。这种现象是在我当老师的时候，通过课堂上的实践发现的。不单是我带的班级，在其他实施学习能力提升指导的小学班级里也出现了同样的现象。开始我觉得不可思议，但后来终于明白了，这是孩子们的注意力集中起来了的缘故。

此后我就意识到，孩子们真正需要学习的内容其实只有一项，那就是集中注意力。**其实集中注意力也是需要学习的**。有好多事情孩子不会或是做不到，但也不能让孩子什么都去学，这样不会有什么效果，因为孩子的注意力已经被分散了。**正因为孩子有好多事不会或是做不到，才应该让他在擅长的事情上多下功夫，借此培养他的注意力**。此后的道路就一片光明了。孩子的注意力能够集中起来之后，再让他做一些数学应用题或是历史习题，效果会非常理想。

我认为，在孩子的成长过程中，只要是他注意力集中的时候，就可以认为是在学习。做自己喜欢的事情时，注意力就会集中起来，任何人都不例外。注意力集中，说明大脑处于活跃的状态，这就是学习。与此相反，孩子看似在学习，实际上磨磨蹭蹭不知在做些什么，这时他的大脑并没有处于活跃的状态。如果不动脑，自然是什么也记不住的。如果孩子无论怎么学习也不见任何成效,他就会认为学习是白费力气。

集中注意力才是关键之所在。注意避免孩子在学习时磨磨蹭蹭,更不要让孩子产生厌学的情绪。

育儿指南 21

> 人们常常以为努力与掌握窍门是相互对立的,这完全是误解。只有掌握了窍门,努力才能够充分发挥它的价值。

人们常常以为努力与掌握窍门是相互对立的,这完全是误解。只有掌握了窍门,努力才能够充分发挥它的价值。不得要领的努力只会带来不好的结果,只会使得人们让自己的潜力无法发挥,甚至对自己的辛勤付出也持否定的态度。简言之,首先要让孩子有坚持下去的信念,如何帮助孩子确立这一信念至关重要。

○ 学习要用最小的代价换取最大的成果

试着换个角度考虑学习这件事。掌握了学习的窍门、只学习一会儿就去玩的孩子,和长时间努力学习的孩子,你会给予哪个孩子更高的评价呢?我在一次演讲会上提出这样的问题之后,在场的多数人投了后者一票。看来大家都对"掌握窍门"的印象不太好。

大家都认为掌握窍门就是要小聪明,但实际上学习的效果才是最重要的。从我的教学经验来看,是短时间内学完就跑去玩的孩子的成绩会更好。为什么会这样呢?那是因为他们能够抓住重点,能够集中精力学习。

人们普遍对这样的孩子评价不高,因为大家都觉得这样的孩子不努力、不成器。但事实却非如此。**只有掌握了要领,再经过一番努力,才能抓住学习要点。**

在学习上花费很长时间的孩子,多数抓不住要领,他们学习的时候总喜欢磨磨蹭蹭。孩子要是长时间坐在桌子前面死用功,家长就会觉得很放心,不会再为孩子学习的事操心,这样一来,孩子就越来越抓不住学习的要领了。本来学习时间过长就很难集中精力,学过的东西也很难记到脑子里。这就是由于不得要领而做不出成果的典型例子。

学习要用最小的代价换取最大的成果。这才是掌握了学习方法的要领的表现,也是我在编写教案时极为重视的一项。我总结出孩子们应该掌握的重点内容和容易出错的地方,让他们反复练习。

针对容易出错的地方进行练习,一开始可能会很痛苦,但错过的地方经过反复练习就会很快被掌握。孩子们只要掌握了难以掌握的部分,再学习其他内容就轻松多了。到最后,即使我撒手不管,孩子们也能自主学习了。

针对重点和难点进行集中训练,是一种非常合理的学习方法。我本人也在这方面取得了一定的成绩。我们可以这样认为:孩子在家学习的时候,若学习时间过长,就肯定没能抓住重点。

如果在编写教案的时候照搬教科书,估计很多家长会非常放心。但这样一来,无用的地方太多,而重点又太少。所以我在编写教案的时候，会尽量对教科书上的重点进行汇总，编写出高效的教案。

○ 用正确的方法去努力，终会得到你想要的结果

成功人士都会说，努力绝对不会白费。但是他们往往把努力前面那个"正确的"给省略掉了。他们之所以能够成为成功者，就是因为做了正确的努力。如果忽略这一点，以为只要努力了，就能达成目标，那可就大错特错了。

我见到很多教育第一线的老师不顾方法是否正确，只知道让学生努力，而校方却对这种做法的弊端没有充分认识。**如果学生用错误的方法去努力，将不会有任何回报。这样一来，他们就会认为，即便付出再多努力也是徒劳的，从而产生自我否定的想法。**努力就会变得虚无缥缈。如此一来，正确的努力就在这些学校中销声匿迹了。

日本的教育总是强调努力的重要性，其实本质就是要让孩子们听老师的话。那些所谓的努力恰当与否无人深究。只有掌握了要领的指导者，才会让孩子们明白努力的真正意义。

> 日本人的时间观念,实际上在乎的就是时刻。所以我们非常重视能否在某一时刻之前完成某事,这无可厚非。但想知道培养孩子的能力到底需要多长时间,真正的时间感就显得尤为重要了。

日本人的时间观念,实际上在乎的就是时刻。所以我们非常重视能否在某一时刻之前完成某事,这无可厚非。但想知道培养孩子的能力到底需要多长时间,真正的时间感就显得尤为重要了。从这一点来说,我们需要了解在一定单位的时间内,比如5分钟也好,1个小时也罢,孩子都能做些什么,这对提升孩子的注意力是有帮助的。

○ 不应该指定在几点前完成，而应该限定在多长时间之内完成

在帮助孩子制订学习计划时，我们通常很在意时刻而不是时间。比如说学习到 5 点，从 3 点开始和从 4 点开始两者差了整整一倍。我们更应该重视的是孩子能够集中精力的那段时间，**也就是真正用在学习上的时间**。

即便我们决定让孩子学习到 5 点，但是如果 5 点之前孩子磨磨蹭蹭，他将会一无所获。30 分钟能完成的事就要让他 30 分钟做完，这一点很重要。孩子如果 30 分钟可以做完的事却花上 1 个小时，就是磨磨蹭蹭；15 分钟做完的话，肯定是应付了事。家长最好能趁孩子上低年级的时候，弄清楚他在多长时间内能够完全集中精力，并给予他一定的建议："如果 10 分钟能做完的，就争取 10 分钟把它做完。"

下面说一些题外话。每次去听观摩课的时候我都会注意一下班主任的视线。优秀的教师在上课时肯定会多次确认时间，因为上课时必须有时间观念。

比如，孩子们理解一个问题需要多长时间，接下来的20分钟课程要进展到什么程度，这段时间孩子们是否跟得上课程的进度。班主任就是这个教室里的时间管理者。如果在时间方面由着孩子们，恐怕不利于孩子们学习能力的培养。

学习与时间之间的关系非常密切。如果一个孩子以前算一道题需要10分钟，而现在只需要3分钟，就可以认为这个孩子的能力有所提升。这是一项很关键的指标。百格计算练习中都是简单的问题，任何人只要花上一定的时间都能答上来，但关键在于能否快速而准确地完成练习。如果能做到这一点，那么孩子的计算能力和注意力都会得到提升。

日本人对什么事都是一板一眼，对时刻也是十分敏感，却不太介意某件事到底花费多长时间。比如，拖沓冗长的会议总是难以得出结论，还有陪伴性质的加班。如果日本人有真正意义上的时间观念，那么无论是自己的时间，还是别人的时间，都会去珍惜和善加利用的。

○ 学习能力强的孩子都善于有效利用时间

等孩子升入高年级以后,就要让他们学会管理好自己的时间。比如,让他们预测一下自己在几点钟、花多长时间、能完成什么样的学习任务。**学习能力强的孩子的时间观念也比较强**。比如,他们能够实现时间的自我管理,5点开始写作业,5点半完成,之后就是看漫画和玩游戏的时间了。其实这已经算得上是时间管理的高手了。**要想增强孩子的时间观念,首先这个家庭要做好时间管理**。比如,起床、吃饭、洗澡、就寝等日常活动的时刻要基本上固定下来,学习的时间与时刻也要固定下来,并使之成为习惯。

为了增强孩子的学习能力,我曾经提议要养成良好的生活习惯。最近我觉得有必要再加上一条,那就是"时间观念"。其实我一直在寻找一种合适的钟表,让孩子一边看着表,一边学习,以便掌握每项内容所需的时间。最后我制作了一款名为"精工学习时间"的钟表。这款钟表不仅可以看几点几分,还带有倒计时功能。这样一来,就可以让孩子事先预测自己学习所需的时间,然后设定倒计时了。

督促孩子学习不能只让他做习题,还要给他一个有助于提升时间观念的钟表。如此一来,孩子学习能力的提高就指日可待了。

终于做到了。但这不是终点,而是起点。
孩子能够自主而迅速地完成某项任务,
只不过是起点而已。

终于做到了。但这不是终点,而是起点。孩子能够自主而迅速地完成某项任务,只不过是起点而已。很多人误以为孩子能够迅速地完成某项任务,就已经达到目的了,如果在这个过程中没有得到成长,那么千辛万苦的努力也没有什么意义。只有打下坚实的基础,才能应用于实践,才能更深入地思考。

○ 能够迅速解答才算真本事

加法、减法、乘法谁都会算。比如，8+6、14-8、7×4的答案谁都能算出来。因为基础运算简单，所以根本不被人们所重视。**但其实问题的关键在于孩子能否迅速做出回答**。对于上面所列举的这组算式，孩子们或是经常答错，或是考虑很长时间才说出答案。孩子们容易弄错的不仅仅是这组算式，还有很多其他算式也容易出错，不同的孩子情况也不尽相同。

基础运算不熟练，等到后来学习除法的时候就会更加不熟练，甚至会对除法产生畏惧的心理。如果遇到复杂的算式，那就更容易出错了。究其原因，就是基础运算不熟练。

我听说过这样一件事，那是发生在一名补习班讲师身上的事。有个学生非常优秀，有望考上滩中学[7]，却不知为什么考试时总是会出一点差错，没法拿到满分。这位讲师觉得非常不可思议，于是就

---

7 滩中学，位于日本兵库县神户市东滩区，是一所初高中一贯制私立男子中学。在日本的私立中学学生学习能力排行榜中名列前茅（2020年排行第一）。

把这个孩子答错的题整理在一起，经过仔细调查，他发现这个孩子居然经常把 7+4 的答案弄错。在那么多复杂的分数计算和应用题当中，这个孩子只是在和 7+4 有关的计算当中出错。这位讲师能够发现孩子的问题实属万幸，一般根本不会有人注意到这些细节。如果没人发现这个问题，结果会怎样呢？结果就是这个孩子再怎么努力也得不了满分。

只有熟练掌握基本运算以后，才能够将其运用在应用题上。只是不断做试卷是远远不够的，完成一定数量的练习并非终点，而仅仅是起点。

不论什么样的数字组合都不会算错，而且能够很快说出答案，不论什么题都能应对自如，这样才算是真正掌握了基础运算。对基础问题对答如流才算真本事。

○ 不要让孩子做无谓的努力

几乎所有人都认为对基础知识对答如流没有什

么意义，因为在人们的印象当中，快就是应付了事，就是不努力。人们总觉得做事花上一番力气才算是努力了（即便是错的）。在教育界当中充斥的这种对努力的盲目信仰危害极大。

努力肯定是有用的，这一点我必须承认。**但是为了努力而努力，这绝对是错误的**。要想让孩子进步，就必须让他努力，但强制是不可取的，一定要用合理的方法。

方法之一就是打下坚实的基础。如果孩子能够做到对基础知识对答如流，那么下一个阶段就不需要太辛苦了。此外，这样做还能有效避免孩子因为学习跟不上而产生自卑心理的情况。

这是我在山口小学当班主任时通过实践得出的结论。如果能让孩子们在 5 分钟之内完成 100 道有余数的除法运算，那么解应用题对他们来说就不在话下了。这个方法有效与否在实践中一试便知。能够做到 2 分钟之内完成 100 道带余数的除法题的话，孩子的计算能力将会有飞跃性的提升。

如果基础运算掌握得不扎实，那么即便努力了也无济于事，因为越到后面就会越辛苦。如果基础不牢固，遇到不会的问题就会更加手足无措。任凭你再怎么努力，连解决问题的最基本的能力都不具备是不行的。这样的努力，纯粹是无谓的、虚无缥缈的。虽然孩子的努力得到了别人的肯定，但却是没有结果的努力。如果努力了，却弄错了方法，就会越努力越没有信心。

育儿指南

> "没想到你这么快就做完了,那就利用剩下的时间再做一张卷子吧!"听了这些,孩子就会把原本只需 15 分钟能做完的作业,拖延到 30 分钟。

孩子很快就完成了作业,欢呼着"写完了!"就拿给家长看。这时,可以断定几乎所有的家长都会这样说:"没想到你这么快就做完了,那就利用剩下的时间再做一张卷子吧!"听了这些,孩子就会把原本只需 15 分钟能做完的作业,拖延到 30 分钟。

○ 无法学会集中精力

这条推文的转发数量过万，是我的转发数量最多的一条推文。相信很多人有过类似的经历。

绝对不给提前完成作业的孩子再加上一张卷子，因为这样一来，孩子就再也没法学会集中精力了。**当孩子集中精力完成学习任务以后，如果再给孩子追加任务，对孩子来说，就意味着集中精力不会带来一丝好处。如果集中精力没有好处，就再也没必要这样做了。这样孩子学会的只有磨磨蹭蹭地消磨时光。**

保证超长的学习时间，再做很多卷子的话，孩子的学习成绩一定能提升。大概很多家长是这样想的吧。不，不仅仅是家长，恐怕连老师有时候也会有这样的想法。就像从前的我一样。当孩子们提前完成卷子的时候，我心里就想："还有这么多时间，还能做好多卷子呢。"于是就又让他们做了几张卷子。其实我曾经也是这样做的。

长时间学习就能提高成绩，这完全是个误解。

我们来回忆一下，是不是学习好的孩子用来学习的时间都格外短呢？他们绝对不会拖拖拉拉，而是会很快完成学习任务，然后就去玩，去做自己喜欢做的事情。

学习好就意味着能够在学习时集中精力。精力集中不起来的孩子没有学习好的。**所以说孩子在家学习的时候，只要能够集中精力，那就绝对没有问题**。孩子能够在短时间内完成学习任务的话，说明他在学习时能够保持精力集中。如果这时再让他做些什么的话，只能让已经学会集中精力的他再度精力涣散。

○ 要让孩子体会到学习时精力集中的好处

学习本身就是一种锻炼精力集中的方式。如果无法集中精力，那么学习也将毫无成效。经过30年教师生涯的历练，我得出了上述结论。这也算是我从教多年的一种感悟吧。

年轻的时候，我以这样一种方式上课：讲课前先在黑板上写好练习题，如果谁先完成了就可以提前下课出去玩。虽然我自己也觉得这并非正途，但还是坚持了下来。

将习题写在黑板上后，我还是会站在黑板前面正常讲课。这时就会有一部分学生完全不听课，自己在下面快速翻阅教科书后，专心致志地做起黑板上的题。做完以后，他们半信半疑地问我："老师，做完了真的可以到操场上去玩吗？"我说真的可以。"太好了！"他们就飞也似的跑出了教室。见到这种情形，其他孩子也开始争相阅读教科书，完成黑板上的习题后，也纷纷走出了教室。

平日里拖拖拉拉的孩子只能老老实实待在教室里听我讲课。实际上，这堂课的目的就是要告诉孩子们，上课时精力集中就会有好处。

当时我心里想："哪怕是偶尔能让孩子们集中精力也好。"但实际上就是这种"邪门歪道"的授课方式，才真正揭示了学习的本质。

要让能够迅速完成作业的孩子知道，早点完成作业会有好处。作为奖励，可以给他们爱吃的点心，或者告诉他们做完作业就可以去玩了。如果孩子能体会到"太好了!"的话,就算家长放手不管,孩子自己也能学会集中精力。

> 回忆一下自己那些错误的努力方式,就会意识到,我们把孩子逼得太紧了。如果事物的本质就是不好的,那么我们很难只靠善意改变它。对努力的盲目信仰非常可怕。

回忆一下自己那些错误的努力方式,就会意识到,我们把孩子逼得太紧了。如果事物的本质就是不好的,那么我们很难只靠善意改变它。对努力的盲目信仰非常可怕。

○ 千万不要期望孩子会有令人意外的进步

失败其实有两种。一种是拼命努力却失败了；另一种是因为懒惰而导致的失败。**能给孩子带来伤害的，就是拼命努力却没有好的结果**。因懒惰而导致的失败，其原因在于懒惰，只要下次改正就可以了。但是，拼命努力却失败了的孩子往往会认为自己"即便努力也是白费"或是"努力还远远不够"。他们甚至会稀里糊涂地产生"只要努力过了就好"的错误想法。

有些指导者在毫无根据且不知结果如何的情况下，只知道一味让孩子努力，对努力抱有一种盲目的信仰，最终把孩子逼入绝境。说实话，我年轻的时候也是这样。

我当小学老师的时候，担任过一段时间的体育指导。因为不是体育方面的专家，所以我当时也没有一套系统化的训练方案。就像很多不知该如何做才能让孩子进步的人一样，我当时也只知道让孩子们努力。我觉得只要拼命努力，或许就能在比赛中胜出。怀着这样的想法，我带着孩子们参加了比赛。这简直鲁莽之至。结果可想而知，我们没有获胜。我和孩子们都饱尝了失败与受挫的苦果。因为我拙劣的指导，让孩子们受到了伤害，我为这件事懊悔不已。

站在孩子们的立场来看，对于一位尽心指导的老师，自然也无从责怪。像我这样一个满怀善意却又心中无数的指导者，的确让人头疼。

○ 似是而非的指导要不得

经常听人说："孩子进步的速度快得出人意料。"这种说法是建立在准确预测的基础之上的。如果对孩子进行了适当的指导，估计孩子的进步程度能够达到100，但孩子的进步程度达到了120甚至200，这时候才能说"孩子进步的速度快得出人意料"。但无凭无据就说"孩子进步的速度快得出人意料"，这样的指导就毫无意义，是错误的。

有些指导者抱着侥幸心理，认为只要让孩子努力，没准儿孩子就会取得重大进步。就像我之前"或许就能在比赛中胜出"的想法一样。让孩子付出无谓的努力，期望着他有朝一日能取得重大进步，这种愿望是不可能实现的。没有任何根据，也不对前景进行展望，只是强迫孩子努力，这种指导方法只会给孩子带来伤害。

我经常告诫自己："孩子的成长是必然的，如果孩子没有进步，就要考虑自己的指导方法是不是出了问题。"这是我从年轻时的失败经历当中吸取的教训。孩子没有进步就是因为指导上出了问题。**拼命努力却依然没有成果——千万不要让孩子品尝如此难咽的苦果。**

要对自己的指导结果有个预测，这才称得上真正的指导。不管是老师还是家长，一旦决定对孩子进行指导，都要有这个心理准备，要预估一下自己的指导结果会怎样。如果既不对自己的指导结果进行预估，也不为孩子营造相应的学习环境，只是一味说"加油""继续努力"之类的话，是极不负责任的行为。考虑如何才能让孩子取得进步,并付诸实践,是指导者应尽的责任。

似是而非的指导是万万要不得的,因为这样会让孩子产生悲观情绪。

育儿指南 26

> 越是喜欢为孩子操心的家长，培养出来的孩子就越没有自信。

越是喜欢为孩子操心的家长，培养出来的孩子就越没有自信。越为孩子操心，就越没法放手，到头来培养出的就是不可靠的孩子。要相信孩子，或者也可以说，要相信你自己，你完全可以培养出一个值得信赖的孩子。

○ 家长的价值观会体现在孩子身上

教育的最终目标就是让孩子独立，就是让孩子无须借助他人之手，一切都靠自己的力量去完成。关于这一点，似乎很多人都存在误解。

如果家长对孩子过于操心，什么事都理所当然地一手包办，那么孩子自身的能力将无从发挥。**因为这样一来，孩子会认为父母为自己操心，帮自己打理一切事情，都是理所当然的**。你越是为孩子操心，孩子就越想让你为他操心；你越是替他做事，他就越想让你替他包办所有的事。

相反，如果家长总是让孩子觉得自己能行，那么孩子肯定会自己想办法去解决眼前的困难。

孩子的价值观尚未形成，把他放在什么样的环境当中，他就会形成什么样的价值观。对孩子来说，家长对他的影响是最大的，所以家长的价值观会原封不动地体现在孩子身上。当然，毋庸置疑，孩子要是有什么为难的地方，家长还是应该伸出援手的，因为这是家长的工作。但是有一点需要注意：即便是为了孩子好，也不能什么事都先行一步，一手包办。因为这样做，你就会培养出不可靠的孩子。

○ 只要不养成坏习惯，孩子就会进步

即便没有家长的管束，孩子也同样会成长、进步。如果出现什么难以应对的情况，孩子自然会考虑该怎么办才能渡过难关。如果家长总是插手，孩子解决问题的能力将永远得不到锻炼。

孩子在一个阶段会出现飞跃性进步，我对此深有体会是在至少15年以前，那时我还在山口小学担任班主任。

那时孩子们养成了早睡早起、每天都吃早餐的好习惯以后，读写能力和计算能力都有了很大程度的提高。他们的进步程度已经超过了我的预期。"究竟发生了什么事？莫非孩子们都换了脑不成？"面对孩子们的变化，我感到十分惊讶。几乎与此同时，他们能够集中精力，也能够安静地听别人说话了。

他们在听别人说话时，他们的脑子就像吸水的海绵一样将谈话内容吸收记住。

换在平常，如果进行指导的目标期望值是100的话，他们所能达到的目标只有80，可自从他们养成了良好的生活习惯、基础知识彻底巩固了以后，他们能够达到的目标居然有200。这让我惊讶不已，甚至有点搞不清楚孩子们的潜力究竟有多大了。

细细想来，我在实践当中并没有让他们去做一些有难度和有深度的事情，只不过是帮他们清除了成长路上的障碍，帮他们彻底巩固了应该掌握的基础知识而已。只不过是让他们养成早睡早起、吃早餐的好习惯，让他们练习书写及计算罢了。其实只要孩子们做到了以上这些，就算家长放手不管，他们也会自发地进步、成长。

家长应该注意的是，不要任由孩子往不好的方向发展。不要由着孩子的性子，很晚了还让他看电视、玩游戏。孩子对这样的环境"适应"得非常快。**孩子们只要养成了良好的生活习惯，再把基础知识掌握扎实，剩下的任其自由发展就可以了。**

做好家长该做的事情,相信孩子的实力,相信自己有能力培养出值得信赖的人。这才是育儿的基本出发点。

育儿指南
27

> 有时候明知不可为而为之只会让自己在精神上更加痛苦。既然如此,何不挑战一下能让自己开心的"不可能"呢?

　　对我而言,"不可能"有两种。一种是值得一试的"不可能",另外一种则是不能去尝试的"不可能"。还有一线希望的"不可能"自然值得一试。后患无穷的尝试还是不做为妙,这也是一种更加理智的做法。有时候明知不可为而为之只会让自己在精神上更加痛苦。既然如此,何不挑战一下能让自己开心的"不可能"呢?

○ 不要让孩子产生自卑心理

这里虽然写的是我自己的事情,但是我觉得育儿也是同样的道理。经过一番努力有可能达成目标的,我们称为"值得一试的不可能"。而无论再怎么努力也不可能达成目标的,我们称为"不能去尝试的不可能"。

举个浅显的例子,一个孩子在班里的成绩是前三名,如果再努力一下就可能是第一名,这属于"值得一试的不可能";一个孩子在班里的成绩只是处于末位,要让他考第一名,这就属于"不能去尝试的不可能"。

有望达成目标的孩子,即便你给他施加压力,让他接近极限,他也依然会精神饱满。而且孩子自己也能接受,甚至会有知难而上的想法。在这种情况下,孩子会干劲十足。

但是在绝对没有希望,而且孩子自己也意识到这一点的情况下,家长还是一厢情愿地去让孩子尝试那些"不能去尝试的不可能",孩子就会斗志全

无。此时孩子会感到筋疲力尽或是产生很强的自卑心理。不要让孩子去尝试必然会失败的事情。因为这样的事情在将来很长的一段时间内都会对他产生影响，乃至引发心理疾病。当然，从失败当中吸取教训也是非常重要的，但是你给他一个绝对不可能达成的目标，让他去为之努力的话，到头来只会让他觉得自己无能为力。

○ 懂得放弃并不是坏事

我经常听到有些家长表达这样的烦恼：当孩子正在学习某项技艺时，到底是让孩子继续下去，还是让他放弃呢？这里面有"值得一试的不可能"和"不能去尝试的不可能"。是否让他继续下去的判断标准就是，孩子是否有干劲。**孩子要是觉得辛苦，那就属于"不能去尝试的不可能"了。**

想让资质一般的孩子成为优秀的运动员，就属于"不能去尝试的不可能"。不是所有人都能够成为像锦织圭或石川辽那样的运动员的。

既然谈到了职业的话题，那么我们就说一下当孩子说要从事这辈子与自己无缘的工作时，家长该怎么办。这对家长来说算是个不小的烦恼。

在我教过的学生当中，就有一个孩子想成为笑星，但这个孩子却从来没能引得班上的任何一个同学发笑。我无法想象，这样的孩子在舞台上能够令那么多观众发笑。我当场就表示不赞成他的决定。据说他的家长也不赞成他的决定。这完全在情理之中。**对认为绝对不可能的事情就应该明确反对。**

说服身边持反对意见的人，毅然前行，这需要很大的决心，所以有必要对自己的情况有一个清醒的认识。当周围的人都反对，没有人赞同自己的意见时，一般人都会冷静下来再反思。如果他能在这个阶段放弃，则说明这件事本就不可行。

即便得不到身边人的支持，他也依然不改初心，则说明他决心已定。这时如果还能看到一丝希望，再为他出谋划策也为时不晚。想要成为笑星的那个孩子根本就不了解这条路究竟有多么艰难。考上东京大学的学生一年有3000人。但是如果有3000人想成为笑星，那么成功的也仅有寥寥数人，其中能够长期活跃在荧屏上的，就更少了。即便能够在激烈的竞争中胜出，也难免被有才能的后来者赶超。成为一名成功的笑星，明显要比考上东京大学困难得多，而且还要有非常好的运势、超人的才能与不懈的努力。这时要是听了评论家们所说的"要倾听孩子们的愿望"之类的建议，那就十分危险了。最后，那个孩子放弃了成为笑星的梦想，进了一家企业工作。他颇得上司的赏识，后来结了婚，过上了幸福的生活。

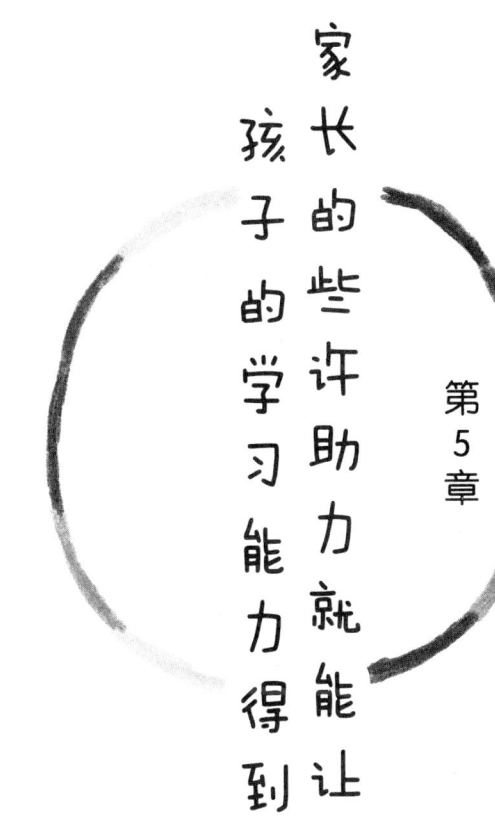

第 5 章

家长的些许助力就能让孩子的学习能力得到提升

育儿指南 28

> 只有清楚地知道终点在哪里，才有前进的动力。

大人也是一样，只有清楚地知道终点在哪里，才有前进的动力。要鼓励孩子："只要做到这一点就好。""只要"这个词的效果非常好。

○ "只要""只需"等词语对于提升注意力有奇效

"从现在开始,出了校园就一直跑,过后我会通知你们终点在哪里。"

如果有人对你这样说,你还有心情跑下去吗?**不知道终点在哪里的话,根本就没有办法继续跑下去。**"道路有点不好,大家跑到那座山的那根电线杆为止。"如果这样说,大家虽然有怨言,但也会朝着那根电线杆跑去。这是我在讲演中常举的一个例子。

看不到终点就无法继续前行,不管是大人还是孩子都是如此。但是事实很让人意外,不让孩子知道终点在哪里,只知道让孩子努力的例子却格外多。"快点学习!""快点写作业!""卷子还没完成呢吧?"这些家长们的口头禅无一例外,都没有告诉孩子们终点究竟在哪里。所以孩子们只知道该做些什么,却不知道该怎么做,也就提不起干劲儿来。

我在担任班主任的那段时间,让孩子们做卷子的时候会对他们说:"今天只要把这些做完,就可以玩了。"

这时学生们就一定会问我:"老师,真的是只要做完这些,就可以玩了吗?"

"是的。"得到肯定的回复,孩子们一心想早点出去玩,就埋头做起卷子来。

要提升注意力,最重要的一点就是指定学习范围。**不要要求孩子既做这又做那,而应该给他们指定具体内容**。这一点非常重要。"只要"和"只需"这类词汇为他们指明了终点究竟在哪里。

只要完成这些就结束了。只需完成这些就可以去玩了。这里的"只要""只需"的效果出奇地好,甚至可以说它们就是提升注意力的特效药。孩子们在家里学习的时候也务必对他们使用这些词语。

"只要完成作业,剩下的时间就可以玩游戏了。"

"只需做完一页习题,就可以去玩了。"

"只需完成这张卷子,就可以吃点心了。"

怎么样?试着用这种方式跟他们交流一下吧。如果只是机械地催促孩子"快点学习!""快点写作业!"，那么孩子只会觉得你烦，根本就提不起干劲儿来。因为不给孩子指定具体学习内容的话，孩子即便照你说的做了，也不会有丝毫的效果。

○ 要让孩子看到今天的终点

想让孩子达成某个目标，**就要设定一个从现在开始着手，很快就能达成的短期目标**，这一点非常重要。如果事先制订好计划，目标明确，那么只要朝着目标的方向努力，注意力也就集中起来了。**一旦设定了目标就不要再更改了**。比如，设定的目标是完成一张卷子，如果孩子提前完成了，再给他追加一张的做法是万万要不得的。因为这样一来，孩子就会渐渐没了干劲儿。

比如，有位家长想让孩子做汉字的习题，他可能会觉得只让孩子做一张卷子实在太少了，但如果让孩子做很多张卷子的话，孩子就会对汉字产生抵触情绪。与其这样，倒不如让孩子"今天就到此为止",让他看到今天的终点,也好集中注意力。也只有这样,孩子才会有进步。督促孩子学习的时候,如果不将重点放在提升注意力上,孩子就会产生厌学的情绪,所以我们应该把主要精力都放在这上面。要事先设定目标,绝对不要让孩子做无谓的努力。

育儿指南 29

> 如果孩子行事不利落,肯定是母亲的做法有问题。不要想到什么就马上向孩子下达一系列指令。

如果孩子行事不利落,肯定是母亲的做法有问题。不要想到什么就马上向孩子下达一系列指令。早上,母亲让孩子洗脸,可孩子刚准备去洗脸,母亲又问他书包收拾好了没有,孩子回答说还没有,母亲又让他快去收拾书包。这样一来,孩子肯定利落不起来。

○ 同时下达多个指令会让孩子陷入混乱

在日常生活当中，我们不经意说出的一些话，实际上已经对孩子注意力的提升造成了不良影响。其中典型的例子就是接连不断地发出指令。说到这里，或许会有人觉得自己被说中了，心中一惊吧。

看到孩子正准备去洗脸，有的母亲会把自己想到的一股脑儿地说出来："对了，书包还没收拾好呢。""上课要用的牛奶包装盒还没准备好。""卷子是不是今天要交啊？"说完这些，当母亲的或许会觉得安心不少，但孩子会是什么感受呢？孩子会陷入混乱。本来准备去洗脸，一下子被人说了这么多，肯定会紧张。那么，自然就无法把精力集中在一件事上，长此以往，行事利落就与他无缘了。

这或许是题外话：在不善于处理多个指令的人群当中，以男性居多。我自己也是这样，想做什么的时候，要是有人再让我去做其他事，我就会觉得紧张，甚至会感到不快。关于这一点，女孩子倒是能够按照母亲的指示去做，很令人意外。

虽说如此，我们还是尽量不要连续向孩子下达多个指令。**如果日复一日不断向孩子下达多个指令，孩子将不愿听从母亲的指令**。从此他不但会把母亲的话当成耳旁风，甚至会出现只要听到母亲的声音就过敏的情况。有些高年级孩子甚至还会顶嘴说："烦死了！"长此以往，孩子的注意力非但集中不起来，还会变得不管别人说什么他都听不进去。

除此以外，还要注意给孩子下达的指令不宜过多。

我能够理解家长这也担心、那也要说上一句的心情。但是如果孩子听惯了家长的指令，当家长不给他下达指令时，他就不知道该如何是好了。即便是自己能做主的事情，他还是要一一向母亲请示。既无法集中注意力，也不能发挥主观能动性，相信谁都不希望自己的孩子这样吧。

○ 让孩子看到终点有助于孩子注意力的提升

让孩子做事的时候，要一件一件来，只有这样，他的注意力才会集中。不要随便想起什么都要从旁命令孩子，开口之前要深思熟虑。**还有就是话说出口不要出尔反尔**，这一点非常重要。因为一旦家长出尔反尔，孩子就更不知道该怎么做了。

为此，我们向孩子下达指令的时候，要让孩子完成一件事再做下一件事，**要把数件事串联成一个完整的流程**。比如，可以对准备去洗脸的孩子这样说："洗完脸收拾一下书包。"这时孩子的头脑中就有了一个清晰的流程：洗完脸之后，再去收拾书包。如果是中年级以上的孩子，也可以在前一天晚上就嘱咐他该怎么做。这样一来，孩子就会明白，一洗完脸，就马上去收拾书包，做事的流程就这么确定下来了。

有时候看到孩子行动起来，家长总觉得有些话需要补充。这时候最好默不作声，因为有些话可以放到下次再说，也可以借此对上一次行动进行总结。如果实在觉得有些话还没说到位，非说不可的话，也不要说得太快，要让孩子有充分的心理准备。在对前一项指令做出补充或更改的时候，说得太快就会让孩子产生逆反心理。指导孩子学习的时候也是一样。其中尤其需要注意的是，不要轻易更改自己发出的指令。

育儿指南
30

教孩子的诀窍就是,同样的事情要反复强调。

教孩子的诀窍就是,同样的事情要反复强调。这样一来,我们就能发现孩子究竟哪里理解了,哪里没有理解。

○ 总是变换教学方法容易让孩子陷入混乱

这条推文是为答复一位母亲"不管教了多少次都不见效，我想是不是教的方法有问题"的疑问而写的。

当孩子在学习上遇到挫折的时候，有一件事是最要不得的，那就是改变教学方法。这个错误无论是老师还是家长都很容易犯。

如果教学方法 A 不见成效，就换成教学方法 B，那么孩子就要把 A 和 B 这两种方法都记住才行。这样一来，孩子就更加糊涂了。

在没有搞清楚孩子为什么不明白、哪里出了问题之前就改变教学方法的话，很容易使孩子更加糊涂。

我们举个例子说明一下。假设孩子在加法的进位上出了问题。一般教科书上都是用方格进行说明的，假如用方格说明的方法孩子不能理解，于是家长就改用硬币来进行说明。10 枚 1 日元的硬币就是 10 日元，所以应该进位到十位。而此时孩子的头脑中还在考虑着这个问题用方格是怎么解释的，现在又不得不考虑硬币是怎么回事，所以两个方法就都要记住。

一旦方法定下来，就要用相同的方法反复进行说明。在不断重复、磨合的过程中，待教学双方都适应了这种方法，再将孩子不明白的地方分条记录下来并加以确认。以下文为例。

①孩子是否知道哪两个数字相加结果等于10（10的补数）？

②减法运算的结果能否随口就答上来？

进位加法运算中肯定包含减法运算。

比如说8+7，要先算 8+2=10，再算 7−2=5，最后得出 10+5=15。

③孩子是否明白超过10就要进位？

再通过跟孩子确认分条记录的内容，就可以发现他究竟为什么不明白了。只用一种方法教孩子的话会比较稳定，能够发现他的问题出在哪里。如果用很多种方法教，这一点就难以实现了。如果用尽办法也无法让孩子明白，负责教的人就会不冷静，进而打击孩子的自信，让孩子对所学内容产生抵触情绪。其实孩子的问题并不在方格或是硬币上面，或许他不理解的只是单纯的算数方面的逻辑。我年轻的时候也尝试过用多种方法教学，可实践证明，这种做法并不奏效。

○ 像魔法一样的教学方法根本不存在

指导者往往存在这样的误解，就是认为自己的教学方法孩子一定能理解。但这种像魔法一样的教学方法根本就不存在。你只能坐在学习上出现问题的孩子面前，**一一确认他到底哪里不明白。这个方法虽然笨拙，却是最有效的。**

有一个小学三年级的女生，她拙于进位加法的计算，我曾经利用暑假的时间给她补课。在让她用大粒的玻璃球演算进位加法时，我见她把玻璃球摆成一排，然后用手指从一端开始点数玻璃球的数目时大吃了一惊。她根本就不明白遇十进位的含义。

每个孩子所遇到的问题都不尽相同。我们在这里不是要对孩子在进位加法上出现的问题展开讨论，而是要发现她的问题究竟为何出现。只有发现问题出在哪里，才有可能解决问题。如果中途改变教学方法，我们将难以发现这一点。

> 马虎的原因并不是不小心或是过于放松,其主要原因是实力不够,次要原因是发现错误的能力不足。它们都属于自身实力的问题,所以要解决这两个问题将会非常棘手。

马虎的原因并不是不小心或是过于放松,其主要原因是实力不够,次要原因是发现错误的能力不足。它们都属于自身实力的问题,所以要解决这两个问题将会非常棘手。首先要采取的策略就是在原则上不允许孩子犯错。要在指导的过程中摆出一副绝不允许孩子马虎的姿态。

○ 不加重视的话孩子就会一直马虎下去

人们往往会认为马虎或粗心仅仅是一时之失，只要下次注意就好了，所以总是忽略这个问题。即便下次注意，但究竟要注意什么呢？这个问题有些模棱两可。**如果不找到马虎的原因，那么下次还会马虎**。与其说马虎是因为一时疏忽导致的，倒不如说是孩子出现了一些就连他自己也意识不到的问题。

假设孩子在三位数的加法上出了问题。虽然整体来说是在三位数加法上出了问题，但三位数加法中的数字组合仍然有很多种，所以有必要弄清楚孩子究竟是在什么数字出现时犯的错。这时候我们会发现，问题竟然是出在令人意想不到的地方。比如，孩子把 7+8 的结果记错了，或是不能马上说出 7+8 的答案，那么当他遇到所有带有 7+8 的三位数加法运算的时候，就很容易出错。只有发现问题所在，孩子才能够克服马虎的毛病。即便是学习能力很强的孩子，也会存在这样的小伤口。我们经常因为孩子的成绩还不错而忽视了这些问题。比如，孩子在考试的时候，一共有10道三位数加三位数的加法运算，而他只错了一道题。我们要是只说一句"下次三位数加法运算可不要再弄错了"，就会无法找出伤口之所在。三位数加法运算出现问题，并不是说让他反复练习三位数加法运算就能解决问题。只看表面而不去探究问题的真正原因，不管再怎么反复练习，也只不过是失败的循环往复罢了。

○ 相同的问题经过反复演练才能放心

即便是教师，也很难发现孩子究竟是哪里出了问题，因为这需要专业知识和经验。如果在家里，就更难发现问题之所在了。孩子的算数不过关的话，基本上是因为基础没打好。我想说的就是，一定要让孩子把基础运算掌握熟练，**具体就是使用百格计算练习法。一定要让三年级以上的孩子在一分半之**

内完成进位、退位加减法及乘法口诀表范围内的乘法运算。此时有必要观察孩子到底哪个格里的题做得比较慢。如果是高年级的孩子，则需要在5分钟之内完成100道带有余数的除法运算。低年级的孩子要从十格计算练起。最后，通过百格计算练习，就能在发现孩子哪组数字组合容易弄错的同时，使其快速说出这道题的答案。

有些孩子的问题出在计算步骤（计算方法）上。比如说三位数加法，首先个位的数字相加，满十进位，接下来十位上的数字相加，写出其结果……要经过这一系列的计算才能得出答案。有余数的除法计算则更加复杂。有的孩子面对这样的计算有些不知所措，乃至得出错误的结果。这类问题的解决方法就是，首先让孩子反复练习，直到同一组百格计算练习熟练掌握为止。练习的目的不仅仅是让孩子能够写出答案，还要让孩子把运算的顺序烂熟于心。让孩子在练习的时候，没必要更改数字的排列顺序。要是更改数字的排列顺序的话，孩子就要花费更多的心思，就会无法达到练习的目的。直到孩子不假思索就能写出结果，再变换数字的排列顺序，这时候孩子依然能够不假思索地写出答案。

　　找出马虎的原因，并改掉马虎的毛病，孩子的情绪也会安定下来。如果一直找不出马虎的原因，孩子的心就总也放不下，注意力就集中不起来。虽然很多人没有意识到这一点，但这却是忽视不得的。

　　无论任何数字组合的加减运算及乘法口诀表范围内的乘法运算，孩子都能不假思索地算出得数，同时计算的步骤也没有问题的话，孩子的情绪就会安定下来，注意力自然就集中起来了。

育儿指南 32

> 笔记做得太多纯属浪费。这种想法很危险。学习能力的提升与笔记本的使用量成正比。

笔记做得太多纯属浪费。这种想法很危险。根据实际教学经验,我得出了学习能力的提升与笔记本的使用量成正比的结论。当然,这一切都是建立在使用方法正确的基础之上的。

○ 一个月用了1000张纸、12支圆珠笔

书写会使人的大脑更加活跃。有一件逸事足以说明这个事实。

我上高中的时候,有一位朋友跟英语老师之间发生了激烈的冲突,因为这件事,直到毕业,他都没学英语。由于报考大学需要考英语,所以他没能考上大学,高中毕业后就失学在家。后来他觉得不会英语没有出路,非常焦急,就跟其他朋友征求意见,有个朋友建议他先通过书写的办法把单词记牢。这个方法简直令人叹为观止。那位朋友让他在一个月之内用完1000张八开纸和12支圆珠笔。一个月内用12支圆珠笔,书写量算得上是巨大的了,但失学的这位朋友还是把12支圆珠笔全部用光了。就这样,据说后来接触到英文阅读时,他居然也能读得懂了。他虽然把英语单词都记熟了,但又被惯用语难倒了。原来他只顾着记单词,而把惯用语给落下了。于是,他又用了两周的时间来学习惯用语,等到考试的时候,试卷中出现的惯用语居然全都被

他答对了。第二年，他考上了填报的大学，而且在各科当中，他的英语成绩是最好的。

这是个真实的故事，没有经过半点渲染加工。就连平素认为书写非常重要的我也大吃一惊。在这里，我想请大家注意的是他的书写量：一个月之内用了 1000 张纸和 12 支圆珠笔。也只有这么大的书写量，才能成就如此辉煌的战果。

○ 孩子的学习能力与笔记本的使用量成正比

看到孩子们就连笔记本也省着用，我觉得有些不可思议。有的孩子就连笔记本的最上端也写得密密麻麻，大概是他们觉得不写满的话就太浪费了吧。但笔记本也不是什么高价物品，字写得宽绰一点，多用几页该有多好。

我在担任班主任的时候，**深感孩子们的学习能力与他们所记的笔记数量是成正比的**。当时我要求

他们每个月要用完一本笔记本，页数大概为50页，后来减为30页，孩子们的成绩就开始下降。即便上课时讲得非常清楚，孩子们也能理解，但如果孩子们做的笔记的量不够，他们的成绩就会下降。看来不记笔记是不行的。我从中明白了一个道理：即使孩子们当时理解了，但如果不做笔记，知识就很难在他们的脑海中留下印象。

有些老师上课时只知道写板书，然后再让学生们把黑板上的内容照抄下来。这样授课虽然枯燥乏味，但学生的学习能力却提升了。这都是老师让学生记笔记的缘故。相反，不让学生记笔记，则无法提高学生的学习能力。

以前，一家育儿杂志策划过一个亲子恳谈活动，要求所有人都要带笔记本到场。只要看一下到场的孩子的笔记，就能知道他所在班级的大体情况。让孩子大量记笔记的老师肯定也会定时定量给孩子们留作业，要是一学期只记10页左右笔记的班级，老师留作业时一定也会很随意，估计也就是每天留3道计算题吧。这样根本无法强化孩子们的计算能力。

如果你家的孩子几乎不记笔记，那你可以劝他把课上老师讲的要点都写下来，因为不写下来的话，很难记住。虽然上课时他是在听，可听完以后就左耳进，右耳出，很快就会忘了。

笔记本就是你的大脑。这是我经常跟孩子们说的一句话。笔记要是记得乱七八糟的话，脑子里一定也是乱糟糟的。如果笔记记得井井有条，那脑子也会条理清晰。笔记是增强学习能力的一个重要工具。

> 试卷一定要整理成册。因为在浏览试卷的过程当中,你会发现平时不容易发现的问题。

试卷一定要整理成册。因为在浏览试卷的过程当中,你会发现平时不容易发现的问题。比如数学考试,有的孩子应用题能够全部做对,但基础运算题却答错了。这是因为他们想快点交卷,好让考试早点结束。考试之前告诉他们要静下心来,对他们或许会有帮助。

○ 试卷是反映孩子学习情况的一面镜子

就像医生用听诊器判断病人的健康状况一样，老师也能通过试卷判断出学生的学习情况。我在担任班主任的那段时间，就非常重视考试的内容和结果。

从一张试卷当中，我们可以发现很多信息。如果看了同一个孩子的多张试卷，我们就能够找出这个孩子做错题的规律，就能够发现这个孩子的问题究竟出在哪里。发现这些问题，就可以制订出今后考试的应对策略，孩子在学习的时候也知道该注意些什么。**所以试卷一定要整理成册**。不要把试卷装进文件袋就完事大吉，一定要按照课程类别，一张一张装订在一起，以方便复习。尤其在考试前，回顾一下以往的试卷，将会是很好的考前复习。通过对容易出错的问题和不会的问题进行复习，就能够有效防止在下次考试中犯同样的错误。如果孩子考试前这样做了，那么考试结果将会大不相同。

我建议每整理出一册试卷，就把成绩记录下来。

一开始可以由家长从旁协助，直到孩子可以自己记录。长期坚持对试卷的成绩进行记录，并做成表格，成绩自然会提高，从而激发出想要获得好成绩的积极性。减肥的时候做记录，效果就会非常明显，学习其实也是一样的道理。

在当老师的那段时间，我经常一边批卷一边和孩子们对话。当然，当时孩子们并不在我身边，我只是一边批卷，脑海中浮现出那个孩子的样貌，一边自言自语："这里为什么弄错了，不是都教过好多遍了吗？""怎么平时都答对了，这次弄错了呢？"

试卷是反映孩子们学习状态的一面镜子。把试卷装订成册，浏览的时候甚至能觉察到孩子心理上的变化。

○ 成绩大起大落是因为心理问题

孩子考试时答错本来不应该错的题，或是成绩突然下降，就有可能是心理上出现了问题。

这也是我当班主任时发生的事情。当时班里有个孩子，平时平均成绩是 85 分，可有一次考试他却只得了 70 分。我一边批卷，一边回想当天教室里的情形，我记得当天这个孩子没怎么跟其他同学交流。平时他的日记也写得活灵活现，可这天的日记却写得乏善可陈。我感觉好像有什么事，于是就跟他家人联系，这才知道原来他的父母正因为离婚的事情闹得不可开交。

像这种情况，我即便提醒他注意也无济于事。如果他家的状况稳定不下来，他的心绪也就安定不下来，自然也没有心思去考虑考前复习的事情。如果孩子出现心理问题，以致对其成长造成影响，就要尽心为其营造能够让他安心的环境及人际关系。考试成绩很重要，我们要随时关注孩子成绩的变化。

孩子总是在进步，但是每个孩子进步的方式各不相同。有的孩子进步得很快，而有的孩子则经历 3 个学期的缓慢发展后，才会飞速进步。如果有的孩子始终状态不佳，停滞不前，那他的学习就有可能在某个方面出了问题。家长要通过翻阅试卷发现孩子的问题，再让他在家里把有问题的地方练熟。

如果对孩子学习中出现问题的地方不闻不问,孩子就很容易产生自卑心理,认为自己无论怎么努力都不行。

将试卷装订成册,除了能了解孩子的学习状态,还能了解孩子的心理状态。现在大家明白我为什么要提这样的建议了吧!

育儿指南
34

> 在校学习期间有数次机会让孩子的成绩出现飞跃式的进步,第一次是从4月开始到5月黄金周结束的这段时间。

在校学习期间有数次机会让孩子的成绩出现飞跃式的进步,第一次是从4月开始到5月黄金周结束的这段时间。优秀的教师从4月开始就加快教学进度,直到5月连休时才告一段落。小学高年级学生每天只需花两个小时,就能在这期间学完一年的课程。中间有不懂的地方跳过即可。首先让孩子们把鄙人编写的习题集——《仅此而已的练习题》做一遍。

○ 一年里要学的东西少得出人意料

很多人都有这样的错觉，**即一年里要学的东西实在太多，必须花上一整年的时间才能记得住。其实这完全是错觉，是误解。**或许有人觉得4月离第三学期[8]实在太过遥远。仅仅用两周的时间，把一整年要学的东西都记住，很多人听了大概会大吃一惊吧。

我最初意识到花这么短的时间就能把一整年要学的东西记住，是15年前的事了。当时我还在山口小学当班主任。第一学期教的汉字，到了第三学期，孩子们就全都忘了，当时我真感到有些灰心。于是我想到让他们在短时间内把一年里该学的汉字都学会，剩下的时间就用来复习。

距黄金周还有两周时间的时候，我开始让孩子们学习本学年度的所有汉字生字。黄金周结束后进行测试，结果是孩子们没能记住全部，只记住了一半左右。但是对我来说，他们不是只记住了一半，

---

8 日本很多中小学都采用三学期制。一般第一学期为4—7月（或8月），第二学期为8（或9月）—12月，第三学期为1—3月。

而是竟然能记住一半,这简直太令人惊讶了。既然这样,那么剩下的时间全部用来复习和巩固,就全能记住了,这就是我当时的想法。结果果然如此。

通过这次的经验,我得出了一个结论,那就是把要学的东西压缩在一个比较短的时期内集中学习,这样才会高效。我发现小学阶段要学的东西其实并不是很多。只要抓住要点,集中学习,后面只需要复习和让孩子们做习题就够了。《仅此而已的练习题》这套习题集就收录总结了各学年的日语和算数习题。

小学高年级学生每天拿出两个小时,就能在4月学完整个学年的内容。也不用在4月就让他们把所有知识都完全掌握,只要让他们为一年要学的东西"就只有这么多"而感到惊讶,从而能够安心学习就足够了。有些成绩不佳的孩子,有了提前学习的经验,他们的成绩都得到了显著的提升。这是因为他们知道了要学的内容以后,上课的时候就能安下心来听讲。成绩不佳的孩子总是担心上课的时候跟不上老师的节奏,经常处于焦虑状态,因此注意力自然也集中不起来,注意力集中不起来的话,听课的时候也就很难记住知识，如此一来就陷入了恶性循环。提前学习打消了他们的不安。

当然，复习也是必不可少的。通过"提前学习""上课"及"复习"几个环节，孩子们对知识的掌握就会越来越牢固。大家一定要试一下这样的学习方法。

○ 4月是一个让孩子有机会重获新生的月份

在一年当中，孩子们干劲儿最足的时期就是4月了，因为4月一切都可以从头开始[9]。这时刚刚分完班，周围的人对自己还不熟悉，自己在班里是什么位置还是未知数。直到5月下旬，孩子们在班里的位置才基本确定下来。在此之前，每个孩子都有机会努力学习，好让自己成为别人眼中的"好

---

9 日本的新学年从每年的4月开始。日本的中小学新学年会重新分班，一般情况下，小学每两年重新分班一次，初高中则会每年重新分班。

学生"。时间久了往往真的就会变成别人眼中的样子。所以这是一次让自己变身为"好学生"的机会。

4月老师们也都鼓足干劲儿,力争做好班级建设。此时无论是学生还是老师都鼓足了干劲儿,这算得上是提高成绩的最佳时机了。优秀的教师会从这时开始到黄金周的这段时间里,加快教学的进度。4月是提前学习本年度课程的最佳时机。如果黄金周期间孩子还能继续坚持学习,那么等到黄金周假期结束,等待他们的将是一个全新的世界。当然,抓住暑假及寒假的时机,总结出重点让孩子们集中学习,孩子们的成绩也有望大幅提升。但我认为,最能奠定这一年的胜果就是4月,让孩子们提前学习本年度的课程。

第6章 育儿受挫时的智慧

家长是孩子的一面镜子。
如果一定要孩子改变什么,
那就先从自身做起吧。

家长是孩子的一面镜子。如果一定要孩子改变什么,那就先从自身做起吧。想让孩子身上出现一些变化,就先改变自己。如果你这样做了,那么孩子身上马上就会出现令人意想不到的变化。如果不先改变自己,而只是一味想让孩子发生变化,那么你就会陷入烦恼的泥潭。

○ 单靠言语是无法让孩子发生变化的

"我家孩子总是不肯读书,该怎么办才好呢?"

不断有家长向我咨询类似的问题。很多母亲都希望自己的孩子能够养成阅读的习惯。但了解后才知道,很多母亲自己就没有阅读的习惯。于是我就建议她们自己先去读书。

母亲们期待的肯定不是这样的答案。她们想知道的是该跟孩子说些什么,孩子们才肯读书。但实际上,是不可能单凭一两句话就能让孩子乖乖地去读书的。

单凭言语是无法让孩子遵照家长的想法行事的。千万不要以为有能令孩子发生变化的魔法般的语言。首先自己要做出改变。要想改变别人很难,但要改变自己却是可以的。

举个简单的例子。如果孩子不爱跟人打招呼,与其强制他跟人打招呼,倒不如早上起来主动跟孩子说:"早上好!"这样一来,孩子自然就会回复一句:"早上好!"久而久之,孩子就会养成见面打招呼的好习惯。

◯ 改变自己、改变环境

想让孩子做出改变,首先就要改变自己。这句话说起来容易,做起来难。**如果改变自己太难的话,改变环境也是一个不错的办法。环境变了,行为模式就会发生转变,行为模式变了,自己就会跟着改变,从而使孩子也跟着改变。**

举一个我们家的例子。既然提到了读书的话题,那我们就说一说读书吧。

孩子们小的时候,我们没有那么多钱给他们买书,于是就最大限度地利用图书馆资源。当时每个人每次能借5本书,我就开车带孩子们去图书馆,告诉他们可以选5本自己喜欢看的书。能从那么多书当中选出5本喜欢的书,光是想想就觉得很奢侈。

我们在家里的书架上专门开辟了一个图书角,用来存放从图书馆借来的书籍,以便随时能够翻阅。

如果到了返还期限,即便是没有读过的书,我也会先把它们还回去,然后再续借。3个孩子每人5本就是15本,加上我和妻子的每人5本合计就是25本书。家中经常存有25本借来的图书,到了返还期限就再换一批。这简直就成了一个小型移动图书馆,孩子们也就自然而然地经常捧书在手,随时翻阅。

如果自己什么都不做,也不对环境进行改造,而只是动嘴让孩子做这做那,就一点说服力都没有。

换位思考一下,我们就能明白这个道理了。如果工作单位的上司,或是丈夫(妻子)自己一动不动,只是在一边指手画脚,你会痛痛快快地照做吗?一定会产生抵触情绪吧?这对孩子来说也是一样。

如果家长不读书,只是让孩子读书,孩子就会产生抵触情绪:"为什么只让我读书?妈妈(爸爸)怎么不读?"即便孩子不说出来,他的心里也是这么想的。只动嘴非但解决不了任何问题,反而会让自己在烦恼的泥潭里越陷越深。想让孩子做什么,要先反省一下自己是否已经做到了。

> 想要做出详尽的说明,就需要更多的语言。语言增加的话,信息的接收方需要理解的内容也会相应增加,理解的难度就会加大。

教师要想改善教学质量,首先要做的就是减少自己的语言。这是一个永远无法厘清的课题。教师经验不足时,进行详尽说明就需要更多的语言。语言增加,信息的接收方需要理解的内容也会相应增加,理解的难度就会加大。如果因为信息的接收方无法理解而需要重新说明,那之前的说明就白费了。

○ 说明要简洁，而且一开始就要阐明结论

之所以怎么说对方都不明白，是因为说话人没能站在听话人的角度考虑问题。教师和家长也是如此。我们举个例子说明一下。这是个刚刚步入教师岗位的教师非常容易犯的错误：

"大家都知道，本地的特产是萝卜。今天，拥有50年萝卜生产经验的某某人要来学校，跟我们谈谈有关农业的话题。电视上也曾经介绍过某某人的事迹。他是本校的毕业生。大家下午3点都到家庭课教室集合。"

我想，听漏了"3点都到家庭课教室集合"这句话的应该有10人左右吧，因为这段话的信息量太大了。那么，究竟该如何说明才好呢？

"3点到家庭课教室集合，有一堂很特别的课。"

这样一来就不会有人听漏了。要尽量缩减语言量，做到言简意赅。上述例子当中，完全可以把针

对某某人的说明换成一句"有一堂很特别的课"。**要把最重要的事情,即要求孩子们做什么,直截了当地表达出来**。

我们再把场景切换到家庭当中。比如,一位母亲要去车站办事,让孩子在图书馆等着自己。但是当孩子听母亲说让自己在图书馆里等着的时候,就问了一句:"我能在公园里等吗?"这时这位母亲向孩子解释为什么不能带他去车站,说:"妈妈要去车站把一件东西交给姑姑,车站太乱,没法带你一起去。"而孩子却一句话也听不进去,他只想知道是否能在公园里等。母亲见孩子没听自己说话,就训斥道:"你怎么就不肯听妈妈说话呢?"如此一来,话题就会越扯越远。如果这位母亲说:"在图书馆里等我,公园里太冷了。"孩子就会明白:"哦,原来公园不行。"凡事先说结论,过后再说理由,跟孩子之间的交流就会顺畅多了。

另外,使用家庭日程表也可以缩减语言量。可以将平时有规律的活动制成日程表贴在墙上,这样就不必每件事都跟孩子一一强调了。比如,"周三下午5点学钢琴,周五下午4点上补习班",等等。

这样一来，孩子不用家长开口，自己看日程表就可以了，家长所说的话也必然会随之减少。想让孩子自觉行动的话，家长还是少开口为妙。

○ 如何更好地跟孩子交流

这就需要一些比较高超的谈话技巧了。当孩子紧张或者兴奋时，如果家长的语言不够简练，那么孩子就会什么都听不进去。如果第一句话他就听不进去，那以后再说什么他都听不进去了。

女子摔跤冠军吉田沙保里的母亲可谓千万家长的典范。吉田曾经创造了119场连胜的纪录，引起了日本国民的广泛关注。可她却在中国的比赛中败北了。吉田比赛失利后，日本摔跤协会不想她在媒体上露面，就把她直接送回了家。她的母亲会用怎样的言语安慰从未有过败绩的女儿呢？模棱两可的安慰只会让女儿更加难过。她见到女儿的第一句话是这样的："唉，这样也好，这下你也知道被你打败的那119个人的心情了。"

  我为她这句话深深折服。只有这样的母亲才能养育出这么优秀的女儿。吉田听了母亲的这番话,心绪也宁静了下来。她的母亲一定是整晚都在考虑,一开口的第一句话要怎样跟女儿说才好。越是在这样的时候,就越需要深思熟虑,想好该怎样跟孩子交流,这对我们自己来说,也是个很好的学习机会。

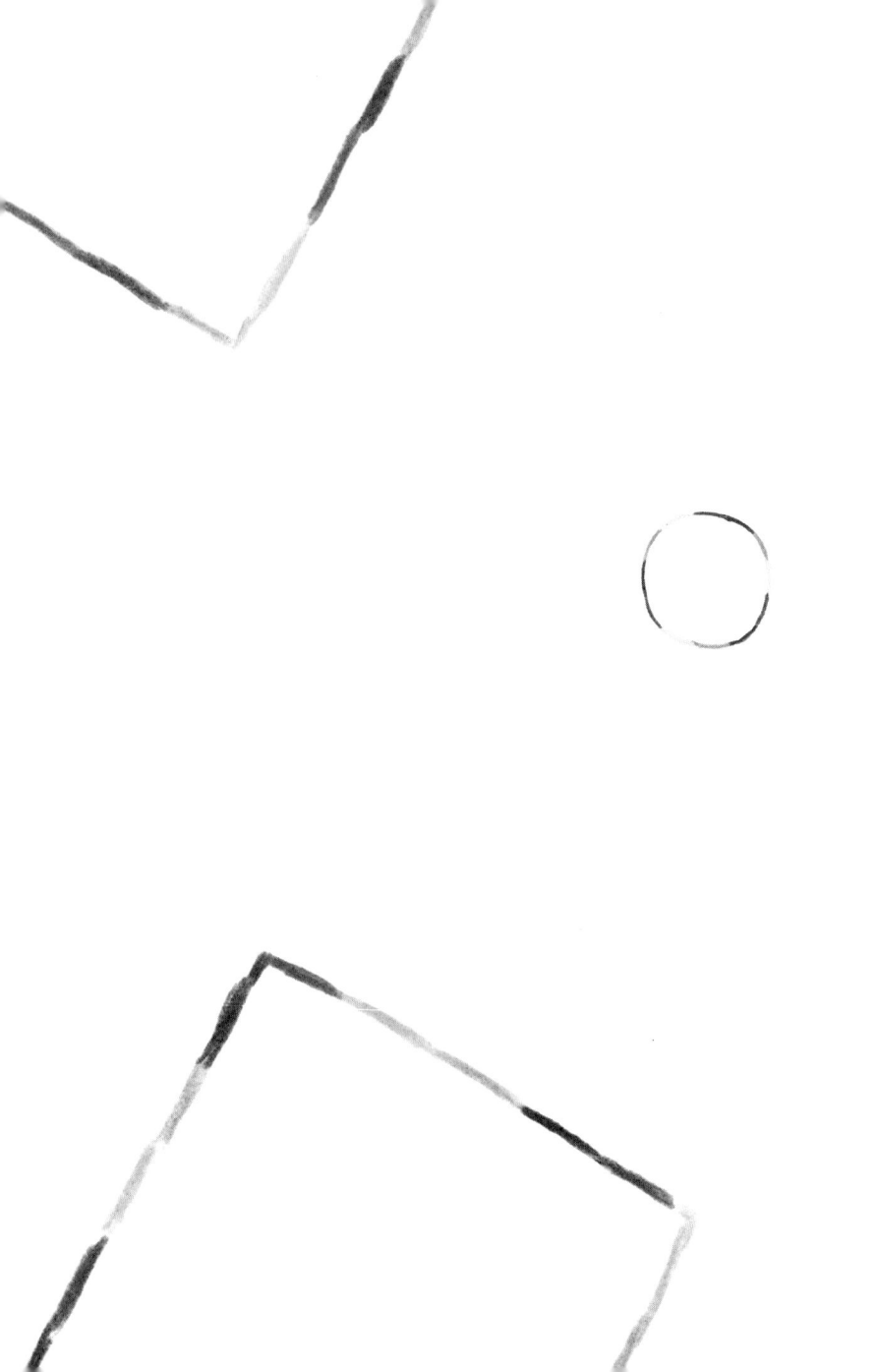

> 如果让孩子帮忙是出于一时兴起的话，这对孩子的成长毫无益处。让孩子帮忙也要做到计划到位。

一定不能把孩子当成家里的客人，要有计划地让孩子帮忙，并形成习惯，这一点非常重要。如果让孩子帮忙是出于一时兴起的话，这对孩子的成长毫无益处。因为总让孩子帮忙，孩子又总帮不上忙的话，他就会对帮大人做事失去兴趣。让孩子帮忙也要做到计划到位。要想提高孩子的生存能力，让他们帮忙远比让他们学习更为有效。

○ 让处于幼儿期的孩子练习使用菜刀

小学入学考试面试的时候,我有机会同时见到孩子及孩子的家长。每次面试于我而言都是不可多得的机会。最近的小学入学考试重视的不仅仅是学习情况,对于孩子在家能否帮大人做家务也十分重视。可以说帮忙做家务已经成为考试的重要一环。面试的时候,一般我会从孩子喜欢的食物问起。

我:"你爱吃什么呀?"

孩子:"汉堡牛肉饼。"

我:"是妈妈做的吗?"

孩子:"是!"

我:"妈妈做的时候,你帮忙了吗?"

有八成孩子回答说帮忙了。但有一个孩子在被问到是否帮忙时,脸上呈现出一种很茫然的表情,不知该如何作答。为什么会这样呢?我问清楚了其中缘由之后,不禁大吃一惊。

原来那个孩子经常和妈妈一起烹饪,甚至连他自己都不知道自己是在帮忙。他不仅仅是在母亲烹饪的时候帮一点小忙,而是和母亲共同合作完成做饭的工作。这个孩子平常就是如此,所以他并没有感觉做这些事是在给妈妈帮忙。在幼儿期已经能做到这个地步的孩子的确不多见。据说这个孩子在各方面的天赋都非常高。

另外,我在面试的时候经常问孩子是否会使用菜刀。一般情况下谁也不会随便让幼儿去使用菜刀。既然孩子能够帮助父母切菜,那肯定是孩子的父母允许他这样做的。这就是家长有计划地让孩子帮忙的典型案例。但凡家长的头脑中有这样的想法,他们的孩子都会使用菜刀,只不过有的孩子是在母亲的辅助下使用的。

有一个关于菜刀的非常有意思的调查。某大学的一位老师发起了一个针对大学生是否会用小刀削苹果皮的调查。结果是出身于比较富裕的家庭——家里经营着公司或是医院,需要人来继承家族事业的学生,在会削苹果皮的人中占比例较大。这是因为这类家庭存在家族事业的继承问题,不得不让孩子早点自立。这个调查充分说明了不同家庭在让孩子帮忙的问题上,态度截然不同。

○ 让孩子帮忙要有计划性，要具备战略眼光

人们常说，让孩子帮忙做事可以促使他们早点自立。这句话自然没错，但我认为在这件事上，家长应该有意识地使其更具"战略性"和"计划性"，这非常重要。

在让孩子帮忙的时候，家长不能强制孩子去做他不愿做的事，更不能心血来潮、一时兴起就让孩子帮忙，而是需要有计划地实施，并且使之成为习惯。由此，孩子的做事能力就会日渐增强，对自己所担负的责任也有了一个较为清楚的认识。

如果不让孩子帮忙，拿他当家里的客人看待的话，他会觉得你为他做的一切都是理所应当的。

在孩子的幼儿期，应当让他们养成阅读以及帮大人做事、多去室外玩耍的好习惯。至于读书给孩子听，很多家庭都有这个意识。但能够有计划地让幼儿帮忙做事的家庭也许并不多。处于幼儿期，认为家长为自己服务是理所当然的孩子，和帮助家长做事的孩子，两者的自立能力存在较为明显的差异。

> 最近,有些家长说要信任孩子,也就相信了他们的谎言。如果让孩子用谎言成功蒙混过关,将来会非常麻烦。

当孩子在生活上出现什么问题时,最基本的指导就是让他把自己做过的事都说出来。之后就应该慢慢讨论该怎么处理。但最近有些家长说要信任孩子,也就相信了他们的谎言。如果让孩子用谎言成功蒙混过关,将来会非常麻烦。

○ 为了信任而怀疑

任何一个孩子在成长过程中都会犯这样或那样的错误，出现这样或那样的问题。

无论大人采用什么方式处理这些问题，其影响都会波及孩子的未来。

如果大人能做出正确的判断，所采取的应对方法自然不会有错。关键是孩子能否把自己所做的一切都毫不隐瞒地讲出来，这样大人就能够厘清事实真相，从而做出正确的判断。但这又不是一件容易的事，因为孩子有时候会说谎。如果大人无法识破孩子的谎言，就无法厘清事实真相，自然也就无法做出正确的判断。

有人对孩子的话深信不疑，乍一看，这似乎是件好事。但信任孩子跟相信孩子所说的话却完全是两码事。小孩子经常会说谎，因为这是他们借以保护弱小的自己的唯一武器。每一位成年人应该都能理解孩子的这种想法。

如果他的谎言不被揭穿，他就会认为说谎是一种行之有效的方法。这一点十分可怕。

在某些情况下，人说谎是下意识的。孩子还很小的时候，有时他们的谎话并没有恶意；有时他们前言不搭后语也可能是因为没能记住事情的全部过程。这时候，就要跟孩子一一确认事情的来龙去脉，直至孩子回忆起全部事实真相。就像"那时候你是怎么做的？""你的朋友是这样说的吗？"等等。这样一来，孩子就会记起来了。

有的人或许为怀疑孩子说的话而感到内疚。但其实怀疑和信任并不是互相对立的，**怀疑也是信任的一种手段，**或者也可以说，怀疑是推敲出足以令人信服的话的一种方法。

○ 小学阶段中年级是关键

我在当班主任的时候，制定了一个"三不"原则：1. 不偷懒；2. 不出口伤人；3. 不说谎。

其中第 1 条和第 2 条原则的成立是以第 3 条不说谎为前提的。

进入青春期以后爱惹是生非的孩子，其是非的萌芽多产生于小学的中年级阶段。这些孩子最容易犯的错误就是说谎。

偷东西被发现就通过说谎来掩人耳目；明明是自己欺负人，却将责任推卸给别人，谎称自己什么都没做。即便是做了坏事也能蒙混过关，以致他误以为只有自己永远不会被抓。这样一来，这个孩子走上歧途的可能性就越来越大了。

最后他还可能逼得被欺凌的孩子自杀，或是走上犯罪的道路。回顾青少年犯罪的案例我们就会发现，很多孩子是从小学中年级阶段开始说谎，因没能引起人们足够的重视，才导致其最终走上犯罪的道路。

因此，**我们绝不能轻视孩子说谎的问题**。这全是为了孩子好。直到孩子上小学三年级，我们一定要把好这一关，不要让孩子说谎，因为很多孩子心中是非的种子都是从这时开始萌芽的。

在不说谎的情况下，孩子能把自己所做事情的经过完整表述清楚，才会明白什么事是该做的，什么事是不该做的。

> 孩子也有是非观念。过度的斥责只会使孩子产生逆反情绪。

当孩子的行为导致无法挽回的后果时,要直截了当地斥责他。但这种情况非常罕见。多数失败会成为日后走向成功的经验。有时我们要做的就是冷静下来,以半开玩笑的口吻去提醒他。孩子也有是非观念。过度的斥责只会使孩子产生逆反情绪。

○ 即便有些孩子明白训斥他是为他好，也不能对其动辄斥责

我们可以训斥孩子，但在训斥他之前，我们要告诉他做什么事会被训斥。我在担任班主任的时候，制定了一个"三不"原则，即不偷懒、不出口伤人、不说谎。班上的每个孩子都知道，只要违反了"三不"原则，就会被训斥。

并不是有了"三不"原则，孩子就不会去做有可能会被训斥的事情了。**有些孩子明知会被训斥，但他还是会那样去做。这时候直截了当地训斥就无法发挥作用了。**只有孩子做出危险的举动时，才可以直截了当地训斥他。

有件事情发生在我带五年级学生的时候。当时有个女生突然逃课了。这个女生虽然已经是五年级的学生了，但还是像小孩子一样，总是黏着妈妈。根据我的判断，当时她一定是回家去了，于是就开车去她家里接她。但她的妈妈从家中出来以后告诉我，她没有回家。我觉得她一定还在往家走的路上，无奈之下只能在学校附近继续寻找。后来，果然不出我所料，

她的妈妈联系我说,她躲在了家里的后院。

"马上让她来上学!"

我对电话那端有些不知所措的母亲说道。

○ 第一句话至关重要,要一锤定音

现在至关重要的就是那个女生推开教室的门,进入教室的那一刻,第一句话我该说些什么。我想了又想。如果严厉地斥责她,她肯定会对我心存芥蒂,这是显而易见的。但如果只是简单批评她两句,让她道歉了事的话,又难免流于形式,下次她一定还会再犯。这时候一定要一锤定音才行。第一句话如果不给那个女生点颜色,后边的话她肯定听不进去。于是,当她推开教室的门,我对她说道:

"你可真了不起啊!"

她提心吊胆地走进教室,没想到我会这么说,显得有些吃惊。我继续说道:

"胆敢逃可怕的阴山老师课的,迄今为止只有三个人，女生你是第一个。没看出来你的胆量还不小嘛。要我说嘛，你要是把这样的勇气放到学习上面，一定没问题！"

这个女生的考试成绩只有二三十分，她觉得无地自容才逃课的。

有些孩子虽然明知会遭训斥，却仍然做了不该做的事，其中有不少是有苦衷的。这个女生就是由于学习跟不上，所以觉得待在学校里很痛苦。此刻老师要是能同情和理解她的遭遇的话，自然能引发她心里的一些感触。

听了我的一番话，虽说她的学习成绩也不可能立刻就好起来，但从那以后，她再也没有逃过课。我觉得她只有得了100分，才会消除心中的自卑感。想让因成绩差而自我认同感低的孩子恢复自信，让他们拿个100分是非常有效的手段。为此，我用尽了办法。最后，六年级的时候，她小学结业数学考试终于得了100分。小学六年级的结业考试数学试题应该是小学阶段最难的试题了。

此后的15年里，我每年都能收到她寄来的新年贺卡。

育儿指南
40

> 等着别人拨通自己的电话，就等于把自己的时间交给别人来支配。

等着别人拨通自己的电话，就等于把自己的时间交给别人来支配。我们的生活绝不能交给其他人来支配。如果你身边的人妄图支配你的生活，你大可不必把他当成朋友。一定注意不要掉入友情的陷阱。

○ 我们家曾因为手机而爆发"三日战争"

孩子步入高年级，成为初中生或是高中生以后，相信每个家庭都会围绕手机的问题发生过一些矛盾吧。我们家也未能幸免。

那时二女儿正上高一，自从给她买了手机之后，她就不肯放手了。后来她竟然吃饭时也把手机放在桌子上，因为这件事我提醒过她好几次，质问她哪有吃饭的时候还回朋友的短信的。后来我终于忍无可忍，怒吼着提醒她："不要在吃饭的时候发短信！"没想到性情温和的二女儿这时突然绷起脸，离开饭桌，跑进了自己的房间。这成何体统！自己有错误不肯承认，母亲给做的饭吃到一半就放下筷子跑回自己的房间。她采取这种对抗的态度，让我更加怒火中烧。自打这件事情之后，二女儿整整3天没跟我说过话。

就是这样深深沉迷于手机的二女儿，后来因为一件事就彻底放下了手机。因为她母亲的一番忠告，到了晚上8点她居然肯关机了。从此，我们家晚上

8点以后就再没有人使用手机了。契机是妻子看到二女儿在等朋友给自己打电话,就对她说:

"等着别人拨通自己的电话,就等于把自己的时间交给别人来支配。难道你没意识到这一点吗?为什么非要消耗自己的时间,在那里坐卧不安地等别人的电话呢?**把你自己的时间交给别人来支配,你能够无动于衷吗?**"

她听了母亲的这番话后,才意识到不该如此。从此以后,二女儿不用别人说,过了晚上8点就主动关机。而且她还主动告诉她的朋友,晚上8点以后自己的手机就关机了。

○ 无须担心自己会被朋友们疏远

这件事已经过去将近10年。现在出现了好多就连小学生也能轻松使用的免费通信程序及社交软件,较之当初,人们互相交流的手段更加丰富了。

人们通常认为,使用免费通信程序及社交软件频繁进行交流有助于增进友情。但这样做却也容易深陷其中不能自拔。使用社交软件存在这样一条潜规则,那就是看到信息以后必须马上回复,这样一来,自己的时间就会完全被他人所支配。如果有人强迫你立刻回复,你就没必要再把他当作你的朋友。只是因为你没能立刻回复,就把你排挤在朋友圈之外的人,更不会是你的朋友。如果遇到类似的情况,你可以找家长商量,因为毕竟他们是成年人,经历过人生的历练。

肯定有孩子对使用社交软件时必须立刻答复的潜规则感到疑惑,甚至厌烦。这些孩子观点一致,所以有可能成为朋友。其实原本问题就出在那些在非紧急情况下也要求别人立刻回复的人身上。我认为,如果谁家孩子交上这种朋友,恐怕其成长会遭遇很大的阻力。

大家和和睦睦固然重要,但也要与朋友保持适当的距离。朋友分为两种,一种朋友能促使你进步;另外一种朋友则会阻碍你的发展。有时候孩子们会和和睦睦,有时候他们则会闹得不可开交。为此,孩子交朋友的时候要让他有一个明确的标准,且有必要让他与朋友保持适当的距离。容易遭受欺凌的通常是性格和善且即便有什么意见也很难说出口的孩子。这类孩子如果遇到自己讨厌的事的话，要直言不讳，纵使这会使其他人感到不快，也绝不能默不作声。另外，这样的孩子要考虑结交一些适合自己的朋友。

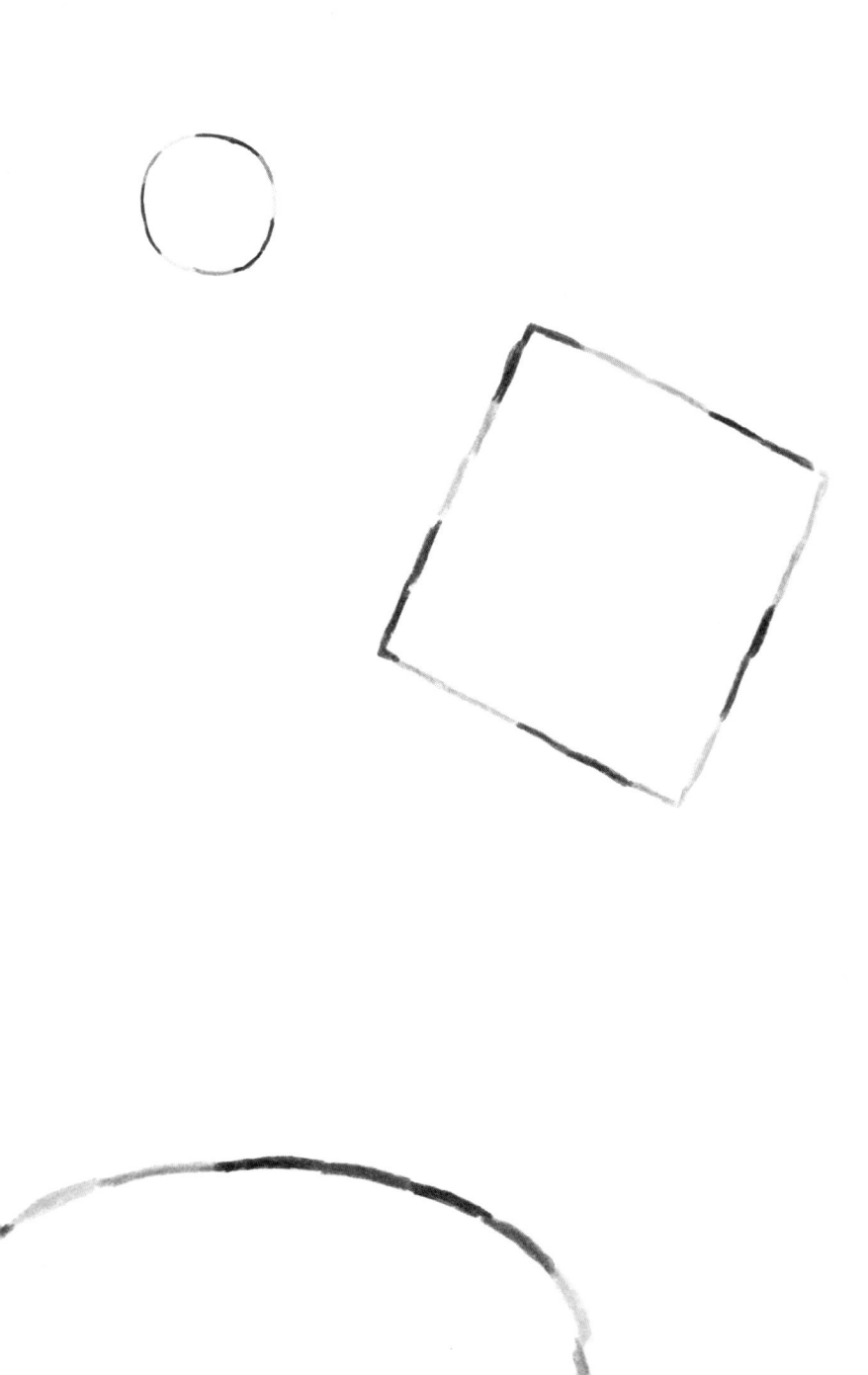

育儿指南 41

> 想让对方的心态保持平和,就必须做到:当对方和你说话时,你要对着对方一边点头一边倾听。

想让对方的心态保持平和,就必须做到:当对方和你说话时,你要对着对方一边点头一边倾听。要想做到这点,负责倾听的人就要安排好自己的时间。这是作为一个男人的必修课。

○ 对方要的不是建议，而只是想让你听他把话说完

实际上，这则推文写的是我发自内心的反省。我有个坏毛病，就是经常会打断妻子的话，急着得出结论。其实她要的不是结论，而是我能一边点头，一边听她把话说完。也就是说，重要的是我们能否理解向我们倾诉的人的感受，如果做不到这一点，就很容易招致倾诉者的不满。我想未能做到这一点的不会只有我一个人，很多男性都有这个毛病吧。我在这里一说男性如何或是女性如何的话题，肯定会有读者觉得刺耳，但就我个人的感觉而言，男性关注的焦点多在如何解决问题上，而女性则会显得更加感性一些。

有时候妻子的话说着说着就跑题了，每当这时，我就会打断她，并催她"先说说你到底想表达什么吧""你就先说重点吧"。本来她是为了寻求共鸣才跟我交谈的，可听了我的话以后，就完全没有了再说下去的兴致。于是我们夫妻之间的对话就越来

越少。这是个恶性循环。

放在亲子关系上也是同样的道理。**要一边点头，一边听完孩子要说的话。只有这样才能使孩子的内心获得宁静**。即便他表面上是向你征求意见，**但实际上可能只是想让你聆听他的倾诉，并不是想让你帮他解决什么问题**。他只是想把自己的懊恼、愤怒以及快乐跟你分享，并从你那里得到共鸣罢了。如果他没有明确要求你给出建议的话，你就没有必要说出自己的建议。

○ 一个小时太少，要花上两个小时才行

下面说一些有点令人不安的话题。让我们想象一下离家出走的孩子跟那些不三不四的人勾搭在一起时的情形。那些人专门物色离家出走的孩子，这些孩子无处容身，一颗心更是无处安放。那帮人找到这些孩子，听他们倾诉完想说的话，假意跟他们一同愤慨，并对他们表示同情，假装跟他们产生共

鸣。这些孩子见有人肯从头到尾聆听自己的倾诉，自然会心生好感，觉得终于找到了能够理解自己的人，就会跟着他们走。这就是那帮人拉拢孩子的惯用手段。

在需要别人聆听的时候，如果有人肯从头至尾听完自己的话，就说明这个人肯为自己牺牲他的时间。

处于育儿阶段的父母通常会很忙，以至于没有充足的时间去聆听孩子的倾诉。但是千万不要等有时间再去听孩子倾诉，而一定要"挤"出时间来做这件事。

有一段时间，我的工作日程表排得满满的，那时我几乎没有时间和我的孩子们交谈。在这段时间里，有的孩子做出了一些重要的决定，比如放弃读写练习，而我居然毫不知情。他们在做出这些决定时，应该很想跟我商量或是向我倾诉一下吧。妻子恐怕也想跟我商量一下，再给孩子们建议吧。

当我意识到时间是"挤"出来的时候，我对自己的时间管理比以往任何时候都更加上心了。跟家庭成员交流的时间可以在周末"挤"出两个小时。

将要做出重大决定时，也要挤出两个小时的时间进行讨论。互相交换意见，再做出决定，一个小时显然不够用，无论如何也需要两个小时。对于已经攒了很多问题的孩子来说，我能够拿出两个小时来听他们倾诉，他们也应该感到满足了。

即便忙得不可开交，也一定要花上两个小时来聆听妻子与孩子们的倾诉，因为只有这样，我们的家庭关系才能够维持稳定。

结 束 语

作为一名教师，我跟家长之间的交流多到令我自己都感到惊讶的程度。

大约20年前，我高中时代的友人三木美保以一位母亲的身份跟我商量，要求我组织育儿咨询交流会。从那个时候起，我就开始定期组织学习会。作为教师的我，组织这个学习会完全是出于好心，但这对于工作忙碌的家长来说可能会是件麻烦事。不管怎么说，这个学习会对我来说意义重大，在此我要对三木表示感谢。

还有一件事也很有意义，那就是我在1996年建立了"阴山班级物语"这个网站。通过在这个网站论坛上的交流，我又结识了MIAU等来自全国的家长朋友。我能够跟这些素未谋面的家长朋友交换意见，全是这个网站的功劳。当时我还没有名望，跟我保持交流的家长大概有100人。当时的交流，帮我度过了轰轰烈烈的教育减负热潮。

现在，我的推特就成了我与广大家长朋友互相交流的纽带。现在跟使用BBS论坛的那个年代的情况差不多，虽说我的推特也荒废过，然而我们的交流最终总能继续下去。现在，我的推特的关注人数已经有2.5万人左右。

另外，我通过出书也结识了很多人。从我在山口小学任教的时候起，木村顺治就从东京赶过来，帮我编写教材"彻底反复系列"，还有育儿杂志《edu》的平野佳代子，也曾对我多方关照。这本书的出版，也得到了以上两位朋友的大力支持。

我之所以有今天，全都是各位朋友鼎力支持的缘故，在此特表感谢。今后，我仍会将各位的支持铭记于心，奋力前行。